dtv

»Die besten Schuhe der Welt konnten also noch nicht einmal einen Monat in den Bergen überstehen, dachte ich, und dann kam mir Christopher wieder in den Sinn, wie ich die Schuhe in seinem Sterbezimmer mit der Spitze nach vorne zur Wand gestellt hatte.« – Während in Teheran die Panzer des Schahs aufgefahren werden, stirbt der Freund des namenlosen Ich-Erzählers nach einer Drogenparty elendiglich in einem Teheraner Volkskrankenhaus. Auf den Ratschlag eines zwielichtigen Rumänen begibt sich der Ich-Erzähler in das von China besetzte Tibet, zum Heiligen Berg Kailasch, den er »zu seiner Seelenreinigung« umrunden soll. Statt dessen wird er gefangengenommen und in ein chinesisches Arbeits-Umerziehungslager gesteckt. Seiner Selbstauslöschung steht nichts mehr im Wege. – Eine Geschichte vom Untergang der Zivilisation und vom Ende aller Ideologien.

Christian Kracht wurde 1966 geboren. Er ist Schweizer und lebt in Sri Lanka. Sein erstes Buch hieß *Faserland* (1995). Außerdem: *Ferien für immer* (1998), zusammen mit Eckhart Nickel, die Anthologie *Mesopotamia* (1999) sowie Mitarbeit an dem Performance Projekt *Tristesse Royale* (1999). Seine Bücher sind in zwölf Sprachen übersetzt.

Christian Kracht

1979

Roman

Deutscher Taschenbuch Verlag

Von Christian Kracht
sind im Deutschen Taschenbuch Verlag erschienen:
Ferien für immer (12881)
Mesopotamia (12916)
Der gelbe Bleistift (12963)
Faserland (12982)

Ungekürzte Ausgabe
Mai 2003
Deutscher Taschenbuch Verlag GmbH & Co. KG,
München
www.dtv.de
© 2001 Verlag Kiepenheuer & Witsch, Köln
Umschlagkonzept: Balk & Brumshagen
Umschlagbild: ›The Brick‹ (1982) von Odd Nerdrum
(© Odd Nerdrum, mit freundlicher Genehmigung
der Forum Gallery, New York)
Satz: Greiner & Reichel, Köln
Druck und Bindung: Druckerei C.H. Beck, Nördlingen
Gedruckt auf säurefreiem, chlorfrei gebleichtem Papier
Printed in Germany · ISBN 3-423-13078-4

Für
Olaf Dante Marx

Inhalt

History reproducing itself becomes farce
Farce reproducing itself becomes history
Jean Baudrillard

Teil Eins

Iran, Anfang 1979

Eins

Auf dem Weg nach Teheran sah ich aus dem Autofenster, mir wurde etwas übel, und ich hielt mich an Christophers Knie fest. Sein Hosenbein war von den aufgeplatzten Blasen ganz naß. Wir fuhren an endlosen Reihen von Birken vorbei. Ich schlief.

Später hielten wir an, um uns zu erfrischen. Ich trank ein Glas Tee, Christopher eine Limonade. Es wurde sehr rasch Nacht.

Es gab einige Militärkontrollen, denn seit September herrschte Kriegsrecht, was ja eigentlich nichts zu bedeuten hatte in diesen Ländern, sagte Christopher. Wir wurden weitergewunken, einmal sah ich einen Arm, eine weiße Bandage darum und eine Taschenlampe, die uns ins Gesicht schien, dann ging es weiter.

Die Luft war staubig, ab und zu roch es nach Mais. Wir hatten nur zwei Kassetten dabei; wir hörten erst Blondie, dann Devo, dann wieder Blondie. Es waren Christophers Kassetten.

1979

Wir erreichten Teheran am frühen Abend und zogen uns im Hotel um. Es war ein eher einfaches Hotel. Christopher hatte gesagt, wir müßten dort ja nur schlafen, deshalb würde sich ein teures Hotel gar nicht lohnen. Er hatte natürlich recht.

Unser Zimmer lag im fünften Stock, es war mit grauem Teppich ausgelegt, der sich stellenweise häßlich wölbte. Die Wände waren mit einer gelblichen Tapete beklebt, über den kleinen Schreibtisch hatte jemand eine Stadtansicht Teherans gehängt, allerdings in einem unmöglich schiefen Winkel zum Tisch, so daß die Proportionen des Rahmens nicht zu stimmen schienen.

Christopher setzte sich auf den Rand des Bettes und verband sich mißmutig die Waden mit dünnen Gazestreifen. Vorhin hatte der Etagenkellner eine kühlende Salbe gebracht, auf einem weißen Plastiktablett, zusammen mit einem Fruchtkorb, der etwas dubios aussah. Ich hatte ihm einige Dollarscheine gegeben und die Zimmertür wieder hinter ihm zugemacht.

Eine Stunde verging. Ich schälte mir einen Apfel, dann blätterte ich eine Weile im Koran, der auf dem Nachttisch lag, in der englischen Übersetzung von Mohammed Marmaduke Pickthall.

Ich hatte mir den Koran vor einigen Wochen in einer englischen Buchhandlung in Istanbul gekauft und, ehrlich gesagt, große Schwierigkeiten dabei, mich darauf zu konzentrieren. Ich las manche Sure dreimal, ohne sie wirklich zu lesen. Ich legte das Buch wieder weg, schaltete die große Neonröhre an, die über der Kommode hing, und ging zum Kleiderschrank.

Während ich mir ein Hemd aussuchte, rauchte Christopher eine Zigarette. Er hatte geduscht, sich ein Handtuch um die Hüften gewickelt, nun lag er auf dem Bett, die Hand hinter den Nacken geschoben, starrte an die Decke und wartete, daß er trocken wurde. Wir hatten seit Ghazvin kein Wort mehr miteinander gesprochen.

Er hatte sich dort in der Nähe die Festung von Alamut ansehen wollen, ich war mitgefahren, obwohl es mich nicht sonderlich interessiert hatte. Ich war Innenarchitekt, ich richtete Wohnungen ein. Christopher hatte mir den einen oder anderen Auftrag besorgt, manchmal war ein ganzes Haus dabei, öfters nicht. Die Architektur war mir zu kompliziert, das Einrichten war ja schon schwierig genug.

Christopher sagte dazu immer, ich sei etwas dämlich, womit er ja auch vielleicht recht hatte. Aus dem Flur kamen Staubsaugergeräusche. Wir schwiegen uns an. Langsam wurde es albern.

„Du mußt nicht mit auf die Party, wenn Du nicht willst."

„Doch, doch, ich komme mit", sagte er und beobachtete weiter den Rauch, der zur Decke stieg. Er sah für mein Gefühl etwas lächerlich aus, denn seine verbundenen Beine steckten in hellbraunen Halbschuhen, ohne Socken, seine beigefarbene Cordhose lag noch auf dem Koffer neben dem Bett. Die Beine hatten wieder angefangen zu nässen, durch die Verbände hindurch.

Seine hellbraunen Halbschuhe waren von Berluti, Christopher hatte mir einmal erzählt, es wären die besten Schuhe der Welt, es gäbe sogar einen Klub der Berluti-Schuhbesitzer, die sich in der Nähe des Place de Vendôme trafen, um ihre Berlutis mit Krug zu putzen.

Ich schaltete die Klimaanlage aus, er stand auf, schleppte sich zum Fenster und schaltete sie wieder an.

„Klimaanlagen sind ein Ausdruck der Zivilisation", sagte er. „Außerdem ist mir schrecklich warm. Ich brauche das."

„Ja, ich weiß. Bleib doch bitte einfach hier im Hotelzimmer."

„Nein, auf keinen Fall."

„Ich komme schon allein deshalb mit, weil ich einen Drink brauche", sagte er und drückte die Zigarette im Aschenbecher aus. „In diesem Land gibt es ja nicht *ein* einziges ordentliches Getränk."

„Soll ich Dir in die Hose helfen?"

„Nein, danke."

Er setzte sich auf, schob sich die Haare aus der Stirn, nahm die Hose, die er auf den Kofferdeckel gelegt hatte, und schlüpfte vorsichtig hinein, ohne dabei die Schuhe auszuziehen. Er machte ein Gesicht, als ob er große Schmerzen hätte. Dabei war die Cordhose unten weit ausgestellt, seine Beine paßten gut durch, es war eine ziemliche Schlaghose.

Meine eigenen Hosen machte ich unten mit Sicherheitsnadeln enger, ich konnte Schlaghosen nicht mehr ertragen, Christopher sagte dazu, das mit den Sicherheitsnadeln sehe verboten aus, aber bitte.

Er hatte sich seit mehr als einer Woche nicht mehr rasiert. Seine Gesichtshaut schien gelb geworden zu sein, trotz des Sonnenbrands auf der Stirn. Seine Wangenknochen und sein Adamsapfel waren noch stärker hervorgetreten als sonst.

„Willst Du nicht doch hierbleiben? Ich komme in einer Stunde zurück, und Du kannst Dich solange etwas ausruhen."

„Nein, nein."

Er hielt sich den Arm an die Stirn, um zu prüfen, ob und wieviel Fieber er hatte. Er sah dabei sehr *charming* aus. Er hatte ja so schöne Haare, sie gingen ihm bis zu der Stelle, an der sein Kiefer den Hals traf.

„Es wird schon gehen, bei diesem Gastgeber. Er ist ja unglaublich amüsant, auch wenn er verwirrende Dinge von einem fordert, zumindest für Dich verwirrend", sagte er. „Außerdem wird die große Googoosh dort sein."

1979

Googoosh war eine persische Schlagersängerin, Christopher liebte sie über alles, er besaß alle ihre Platten, ich fand, sie klang wie eine bessere Daliah Lavi.

„Laß nur, es geht schon", sagte er nochmals. Dann wählte er ein hellblaues Pierre-Cardin-Hemd, er hatte zwölf genau gleiche dabei, und band sich einen breiten, abgewetzten Ledergürtel um seine viel zu schmalen Hüften.

Ich zog ein paar Sandalen an, ging ins Bad, wusch mir das Gesicht, prüfte mein Aussehen im Spiegel und korrigierte dann mit einer Nagelschere die zu lang gewachsenen Spitzen meines Schnauzbartes. Ich mochte es nicht, wenn mir die Enden des Schnauzbartes in die Mundwinkel hingen. Ein oder zwei Nasenhaare, die aus meinem rechten Nasenloch ragten, schnitt ich ebenfalls ab.

Dann nahm ich mein seidenes Paisley-Einstecktuch, faltete es und schob es mir in die Hosentasche, zusammen mit dem Zigarettenetui aus Schildpatt. Ich rauchte nicht viel, nur wenn ich trank oder mich aufregte, oder nach dem Essen. Durch das Badezimmerfenster waren Nachtgeräusche zu hören; eine Polizeisirene, ein anfahrendes Auto.

„Komm, laß uns gehen. Hast Du alles?"

„Ja natürlich", sagte er. „Zimmerschlüssel, Geld, Ausweis. Ich habe immer alles." Er sah an mir herunter und verzog den rechten Mundwinkel, bis das berühmte Christopher-Grübchen zu sehen war.

Eins

„Mußt Du diese Sandalen unbedingt tragen? Sie sehen zum Schämen aus", sagte er.

„Sandalen zu tragen, *dear*, ist, der Bourgeoisie einen Fußtritt ins Gesicht zu geben."

„Fotze", sagte Christopher.

Ich schloß die Zimmertür ab, und wir liefen den Gang des Hotels hinunter. Christopher humpelte. Zwei Zimmerfrauen, die, an einen Handtuchwagen gelehnt, miteinander gesprochen hatten, verstummten, als wir vorbeigingen. Beide trugen von Kopf bis Fuß schwarze Umhänge. Nur ihre etwas fülligen Gesichter waren zu sehen. Sie wendeten sich ab und blickten zu Boden.

„Aasgeier", sagte Christopher im Vorbeigehen.

„Hör auf."

„Na, es ist doch so."

„Christopher". Es klang sanfter, als es klingen sollte. „Es sind nur Putzfrauen."

„Das ist mir, ehrlich gesagt, egal", sagte er und drückte auf den Fahrstuhlknopf. „Sie sind fett, häßlich, und sie können nicht mal bis zehn zählen, so dumm sind sie. Sie fressen Aas. Sie werden unsere Koffer durchwühlen, wenn wir weg sind, Du wirst es sehen."

Er zog an seiner Zigarette und schnippte sie gegen den Aschenbecher neben der Fahrstuhltür, so daß die Funken von der Wand aufstoben und die Kippe auf den Teppich fiel. Die Frauen sahen zu uns herüber, diesmal wirklich

23

feindselig, und als sich die Fahrstuhltür öffnete, rief eine von ihnen ziemlich laut *Marg Bar Amrika!* hinter uns her, und ich konnte sehen, daß die beiden Frauen jetzt wirklich wütend waren, nicht nur eingebildet; so etwas machte Christopher immer absichtlich: so lange seine Einbildung in die Wirklichkeit übertragen, bis sie tatsächlich existierte.

Im Fahrstuhl sahen wir beide auf die erleuchteten Ziffern über der Tür, die nach unten zählten. Ich drehte den Zimmerschlüssel in meiner Hand hin und her. Wir wußten beide nicht, wo wir hinsehen sollten. Christopher wischte sich mit einem Taschentuch den Mund und die Stirn ab. Er schwitzte, obwohl er ja kein Fieber hatte.

„Ich habe wirklich ganz grausam schrecklichen Durst", sagte er. Ich sagte nichts.

Die Fahrstuhltür ging endlich auf. Die Lobby war menschenleer, außer einem Kellner, der schnell verschwand, als er uns aus dem Fahrstuhl kommen sah.

Draußen war es kühl. Ich war froh, vorhin einen Pullover unter dem Jackett angezogen zu haben. Diesen Pulli mochte ich besonders gern, er war ein Mittelding aus dünnem Norweger und Cecil Beatons Abendpullover; angedeutete, abstrakte Rentiere waren darauf abgebildet.

Der Fahrer trug immer noch seine Sonnenbrille, obwohl es bereits acht Uhr abends war und dunkel. Er hielt uns die Tür des neuen, beigefarbenen Cadillac Coupé de

Ville auf, und Christopher stieg umständlich hinten ein, und in diesem Moment haßte ich ihn sehr.

Und dann, sofort danach, schämte ich mich für dieses Gefühl, ich dachte an seine nässenden Beine, an seine gespielte Hilflosigkeit, die so niedlich war, und an seine eigentlich unbezwingbare Selbstsicherheit, und so schämte ich mich also und sah aus dem Wagenfenster.

Wir fuhren breite Alleen hinauf. Teheran war an einen Berghang gebaut worden, so daß es immer aufwärts ging. Kleine Bäche säumten die Straßen, junge Ahornbäume kühlten ihre Wurzeln in den ewig bergab fließenden Wassern. Familien spazierten an eleganten, hell erleuchteten Geschäften vorbei. An vielen Straßenkreuzungen standen Wagen der Militärpolizei und kontrollierten die Fahrzeuge, wir wurden immer durchgewunken.

Es war ein klarer, kühler Abend, ich drehte das Fenster herunter und ließ meinen linken Arm heraushängen, und der angenehme Fahrtwind kühlte meinen Handschweiß. Christopher saß unbeweglich neben mir und sah aus dem anderen Fenster. Ich wollte seine Hand in meine nehmen, deshalb hatte ich mir die Hand ja auch abgekühlt, ließ es dann aber sein.

Wir näherten uns einer Autobahnbrücke, an deren Geländer ein breites schwarzes Stofftuch befestigt war. Darauf stand in roten Buchstaben *Death to America – Death to*

1979

Israel – Death to the Shah. Ein paar Soldaten waren damit
beschäftigt, das Stofftuch abzureißen. Ein Offizier, der
eine Sonnenbrille trug, stand daneben und gab Anweisun-
gen, unser Wagen fuhr unter der Brücke durch, und der
Offizier drehte sich um und sah uns nach – ich konnte ihn
und seine verspiegelte Sonnenbrille im Schein der Stra-
ßenbeleuchtung genau sehen.

Ich mochte unseren Fahrer gerne. Er nahm die Sonnenbrille ab, sah in den Rückspiegel, ich sah auch hinein, und
unsere Blicke trafen sich kurz. Er hieß Hasan und wußte
viel über dies und jenes. Er hatte uns vorgestern in der
Nähe von Ghazvin zu sich nach Hause eingeladen, und ich
war froh über die Konversation gewesen, da Christopher
und ich uns leider seit über einem Jahr nicht mehr viel
zu sagen hatten, das heißt, es war schwierig geworden in
letzter Zeit, mit ihm zu reden, weil alles so gleichförmig
schien, es war nur noch ein Austauschen von Formeln, es
war alles wie eines dieser schrecklichen Küchenrituale geworden; als ob da jemand kocht und abschmeckt und dies,
und dann steht da niemand, der einen dabei beobachtet
und sich darüber freut.

Hasan wohnte in einer Apfelplantage, sein Haus war ein
einfaches Steinhaus, dessen hellbraune Wände mit einer
ansprechenden Wischtechnik gearbeitet waren. Wir hatten über die Apfelernte gesprochen – er erntete auch Tomaten – und heißen Tee getrunken, den uns seine schüch-

terne Frau sofort nachschenkte, wenn die Gläser leer
waren.

Nach einer Weile schickte er seine Frau aus dem Zimmer,
stand auf und holte etwas aus der Schublade einer Kommode. Er wickelte es aus, sehr vorsichtig, als wäre es zer-
brechlich. Es war ein gerahmtes Foto von Farah Diba, der
Frau des Schahs.

„Ist sie nicht wunderschön? Sie ist so voll von Oral. Wie
sagt man? Oral?“

„Oralsex?“

„Ja. Von der Versprechung einer besseren Welt“, sagte
Hasan. Christopher war inzwischen schulterzuckend nach
draußen gegangen, spazieren, wie er sagte.

Hasan pustete den Staub von der Fotografie und wischte mit seinem Ärmel darüber. Er stand auf, stellte das Foto
wieder auf die Kommode, legte eine Kassette in den Rekorder, und wir hörten die Ink Spots.

My prayer
is to linger with you
at the end of the day
in a dream that's divine.
My prayer
is a rapture
in blue …

„Die Ink Spots“, sagte Hasan.

„Hmmm, ja, die Ink Spots."

„Es ist sehr schöne Musik, obwohl sie aus Amerika kommt. Hören Sie?"

„Oh, ja, doch. Es klingt sehr schön." Ich dachte daran, daß Hasan ja eigentlich unser Fahrer war, aber es war mir plötzlich egal.

My prayer – is a rapture in blue, klang es aus den Lautsprechern.

„Die Musik, sie wird von Sklaven gesungen. Deshalb ist sie so traurig."

„Aber es gibt in Amerika keine Sklaven mehr."

„Doch, doch, in den Südstaaten. Schwarze Sklaven. Ich habe es gelesen."

„Hasan, ich garantiere Ihnen, daß es in den Südstaaten keine Sklaven mehr gibt. Das ist nur Propaganda, was Sie da gehört haben."

„Sie sind nicht sehr Moslem." Es war keine Frage, sondern eine Feststellung.

„Nein, das kann man nicht gerade sagen."

„Schade. Dann tanzen Sie wenigstens mit mir", sagte Hasan.

Ich stand auf, und wir tanzten eine Weile zusammen zu den Ink Spots, jeder für sich, jeder auf einer gegenüberliegenden Ecke des großen Teppichs aus Bukhara, der Hasans ganzer Reichtum war, während Farah Diba von der Kommode aus zusah.

Eins

Als Christopher von seinem Spaziergang zurück ins Haus kam, war die Kassette zu Ende. Hasan nahm sie aus dem Kassettenrekorder und drückte sie mir in die Hand.

„Für Sie", sagte er. „Ein Geschenk."

Ich schob die Kassette in meine Hosentasche und gab Hasan die Hand, obwohl ich die Kassette gar nicht haben wollte.

„Danke."

„Heben Sie sie bitte gut auf."

Die Tür zur Wohnstube ging auf, und Christopher stand dort und schaute uns an. Er sah gar nicht gut aus. Seine Haare klebten ihm in der Stirn, sein hellblaues Hemd war vorne naßgeschwitzt, und die Cordhose war unten am Schlag schmutzig und mit braunem Dreck verkrustet. Er lehnte im Türrahmen, sah Hasan an und dann mich, und selbst durch seine Mattigkeit, durch seine Krankheit und weit darüber hinaus war ihm die Verachtung anzusehen, darüber, daß Hasan und ich uns gut verstanden, zutiefst empfundene Verachtung.

Ich sah nicht mehr in den Rückspiegel. Wir fuhren noch zehn Minuten bergauf und hielten vor einer Villa im Norden Teherans. Das Haus war am Hang gebaut, die Aussicht über die Stadt war famos von hier oben. Teheran war in braunen Dunst gehüllt, der in den höheren Luftschichten gelblich wurde und erst dann dunkel. Tausende und Millionen von Lichtern glitzerten in der Ebene unter uns.

Christopher und ich stiegen aus und klingelten an der Tür, Hasan parkte den Cadillac in einer Seitenstraße. Ich sah, wie er sich eine Zigarette anzündete, eine Zeitung aufschlug und begann, es sich im Auto gemütlich zu machen.

Ich schaute die Allee hinunter, die Reihen von Ahornbäumen entlang, die sich bergab im Dunst verloren. Der Mond war inzwischen orangerot aufgegangen, ein paar Glühwürmchen schwirrten um uns herum, sie wohnten in den Ginsterbüschen, die an einem Abhang neben der Straße wuchsen. Christopher schlug nach den Glühwürmchen, aber er erwischte keine.

„Laß sie doch."

„Hast Du eigentlich auch noch etwas zu sagen, das in irgendeiner Weise interessant sein könnte?"

Er drehte sein Gesicht zu mir hin. Sein Mund war nicht schön anzusehen; es schien, als habe er über Nacht viel mehr Falten bekommen. Seine Augen waren fiebrig, heute denke ich, er war damals schon sehr lange krank gewesen, viel länger, als ich gedacht hatte. Ich drehte mich etwas zur Seite, so daß ich ihm meinen Hals als Angriffsfläche hingab. Dies war eine Geste, die ich oft benutzte, um ihn zu besänftigen, ohne daß er die Geste als solche erkannte.

„Du kannst Dir gar nicht vorstellen, wie sehr Du mich anödest", sagte er.

Eins

„Die Liebe, die einst so einfach schien, ist in Schwierigkeiten. Das ist von ... von ... warte, es ist von Hafez Shirazi. *Rather fitting*, findest Du nicht?"

„Weißt Du was? Du bist mongoloid", antwortete Christopher.

Zwei

Er gähnte und zündete sich dann umständlich eine Zigarette an, so daß der Vorgang des Anzündens extra lange
dauerte. Ich starrte auf die Haustür der Villa.

Ich hatte einen metallischen Geschmack im Mund. Mir
war, als kaute ich auf Aluminiumfolie, als habe sich eine
Plombe in meinen Zähnen gelöst. Wir sahen uns nicht an.
Ich konnte Christopher nicht ansehen.

Die Glühwürmchen schwirrten weiter um uns herum.
Nach einer Weile kam jemand, um die Tür zu öffnen. Wir
traten über die Schwelle in den Schein gelben und war-
men Lichts.

Ein Hausangestellter in cremefarbenen Handschuhen
führte uns durch einen großen Salon, an schwedischen
Fayencetischen vorbei, auf denen etwas zu perfekte Lilien-
arrangements in chinesischen Vasen steckten. Ich zog im
Vorbeigehen mit dem Finger an einem Tisch entlang und
wischte ihn dann an meiner hellen Hose ab. Es gab keinen
Staub.

Die Füße der Lampen, die auf den Beistelltischen stan-

Zwei

den, waren ebenfalls aus chinesischen Vasen gefertigt, die
Schirme selbst waren aus gelbem Damast.

Ich sah mit weißer Rohseide bezogene Sofas, die die Zimmer, durch die wir geführt wurden, so aussehen ließen, als
seien sie von Hulda Seidewinkel eingerichtet worden. Das
Haus erinnerte mich an die Wohnung Jasper Conrans in
den frühen sechziger Jahren, ich hatte einmal eine Fotostrecke gesehen; er benutzte viel Weiß, viel Goldgelb, nicht
zu barock, aber auch nicht zu minimalistisch. Es war, wie
Christopher immer sagte, *le style directoire*, kurz bevor Napoleon zu groß für seine *bottes* wurde.

   Das Hotel Ritz in Paris war so eingerichtet, ja, eigentlich war es wirklich der Stil eines Grand Hotels; elegant,
ohne Aufdringlichkeit in seiner Eleganz, an bestimmten
Stellen leicht gebrochen, vielleicht zu durchdacht im
Bruch, aber dennoch ganz ausgezeichnet perfekt und,
nun, *sexy*.

Die Räume waren eher der exakte, genaue Ausdruck Europas, das Gegenteil Japans, sie drückten die äußere Opulenz perfekt aus, die Oberfläche, das Ausgeleuchtete, die
Alte Welt und den unfehlbar guten Geschmack; schneeweiße Schafswoll-Dhurries lagen auf den Terracottaböden.

Zum ersten Mal, seitdem wir in Persien waren, hatte ich
das Gefühl des Ankommens und der Reinheit, ein Kind-

heitsgefühl; es war das Gegenteil des Gefühls, das ich selbst als Kind hatte, in meinem französischen Kindergarten; damals hatte ich immer versucht, die Milchränder an meinem täglichen Zehnuhr-Glas Milch zu umtrinken, indem ich das Glas langsam im Uhrzeigersinn vor mir herumdrehte, so sehr ekelte ich mich vor meiner eigenen Milchspucke.

Dies war meine einzige Kindheitserinnerung. Ich hatte keine Erinnerungen außer dieser mit dem ekelhaften Glas Milch. Und dieses Haus, das wir gerade betraten, war also das genaue Gegenteil davon. Oft war es ja so, daß Christopher mich fragte, warum ich so leer war und ganz ohne eine Vergangenheit zu existieren schien, als ob alles, was vorher war, ausgelöscht worden wäre, jeder Geruch oder jede Farbe oder jeder Strauch, unter dem ich vielleicht den zerlesenen Heimwerkerteil eines Versandhaus-Katalogs vor meinen Eltern versteckt hatte, aber es gab nichts, nichts, woran ich mich entsinnen konnte, gar nichts.

Während ich dies dachte, konnte ich durch eine Tür in eine Bibliothek sehen. Sie wirkte, da sie ganz in Rot gestrichen war, zwischen all dem Weiß und Gelb und Gold wie ein Kraftfeld, wie etwas Wunderbares, Pulsierendes.
   Rot mochte ich besonders gerne. Ich mochte ja eigentlich alle Farben gerne, aber ich hatte ein sehr gutes Auge für Rot und sein Verhältnis zu anderen Farben, und dieses Rot war unglaublich. Es war ein bißchen so, als ob man

Zwei

beim Einrichten gesagt hätte: Also, ich bräuchte für dieses und dieses Zimmer noch etwas Rot, das richtige Rot natürlich, etwas buddhistisches Tempel-Rot, etwas Terracotta-Rot.

Meistens, wenn ich eine Wohnung einrichtete, wußte leider keiner, worum es eigentlich ging und was ich genau meinte, denn das perfekte Rot ist sehr schwierig zu mischen, eigentlich ist es fast unmöglich, ein perfektes Rot zu finden.

Das perfekte Rot hat nichts mit Blut zu tun, wie oft angenommen wird, sondern es ist eigentlich nur auf florentinischen Kinderportraits der Renaissance zu finden; die Hüte, die von den Kindern in diesen Gemälden getragen werden, sind aus diesem Rot, das ich meine. Die Bibliothek in diesem Haus war jedenfalls warm und samtig rot, fast braun-violett in ihrer Tönung.

An einer Wand im zweiten Salon hing ein großes Portrait des Schahs in einem sehr schlichten, schönen Rahmen aus Ebenholz, er trug eine weiße Gala-Uniform mit goldenen Epauletten. Daneben stand, auf einem Podest, von mehreren Halogenstrahlern ausgeleuchtet, eine fahlweiße Skulptur von Hans Arp. An der Wand gegenüber, sorgfältig über einer weiteren Porzellanlampe arrangiert, hingen mehrere Bilder von Willi Baumeister. Ich mochte Hans Arp, ich mochte Willi Baumeister, ich mochte dieses Haus, ich mochte sogar den Schah. Es war ja auch schwierig, dieses Haus nicht zu mögen.

Der Hausangestellte, der uns durch die zwei ineinander übergehenden Salons geführt hatte, bat uns nun, in den Garten zu gehen, er wies uns mit der ausgestreckten Hand den Weg von der Veranda die große Treppe hinab.

Im Garten lief leichte Musik, eine Bar war aufgebaut, es roch buttrig und nach Blumen. Ich zählte, schnell gezählt, vielleicht fünfundachtzig oder neunzig Gäste. Der Garten selbst verlief leicht schräg nach unten. Einige Männer trugen schneeweiße amerikanische Ausgehuniformen.

Ich sah eine deutsche Künstlerin, die früher gigantische fotorealistische Bilder gemalt hatte und deren Gemälde oft in *Quick* und *Stern* abgebildet waren. Sie lief zwischen den Gästen hin und her, hofhaltend und schnatternd, nun blieb sie vor einer exaltiert gekleideten Iranerin stehen, und die beiden fielen sich um den Hals. Es war Googoosh, ich erkannte sie von Christophers Plattencovern.

Ein kleiner Bach floß aus einem Gebüsch, schlängelte sich quer durch den Rasen und verschwand am unteren Ende des Grundstücks in einem Dornenstrauch. Brennende Fackeln waren in unregelmäßigen Abständen in den Rasen gesteckt. Eine Frau in einem hellblauen Kleid stand etwas abseits im Garten und zielte mit einem Luftgewehr auf die Baumwipfel. Ihr Schatten zitterte auf dem Gras.

In einer Ecke des Gartens schrie ein junger Mann mit schulterlangen, fettigen Haaren auf ein Mädchen ein, sie

Zwei

solle sich locker machen, so ginge das nicht weiter mit ihrer Verstocktheit. Das Mädchen schaute beschämt auf den Boden.

Der junge Mann war Europäer. Ich hatte ihn schon einmal gesehen, vor Jahren, an Bord einer Yacht in der griechischen Ägäis. Damals hatte er für die Mädchen auf dem Schiff Haschzigaretten gedreht und später, bäuchlings liegend, als wir unter den braunen Klippen von Santorin vorbeisegelten, hatte er Vanilleeis mit Drambuie aus einem Becher aus Hotelsilber gelöffelt.

Ich nahm mir einen Schwenker mit armenischem Cognac von dem weißbezogenen Tisch, der als Bar diente, goß Christopher Wodka in ein Glas ausgepreßte Zitrone und hielt es ihm hin.

„Trink bitte wenigstens einmal nicht soviel, so krank, wie Du bist. Du solltest Dich schonen."

Er sah mich an, schloß die Augen, blinkte dann hinter verschlossenen Augenlidern sein Effektblinzeln, nahm mir das Glas aus der Hand und schob sich durch die Menge, weg von mir. Ich sah erneut hinüber zu dem jungen Mann mit den langen Haaren. Sein Name fiel mir wieder ein, er hieß Alexander.

Von einem Tonbandgerät lief Bachman Turner Overdrive. Ich beobachtete, wie Alexander das junge Mädchen stehenließ – sie weinte nun wirklich –, hinüberging, das Tonband aus dem Apparat riß, es ins Gebüsch warf und ein neues Band in das Gerät spannte. Aus den Lautsprechern kamen nun die Nazi-Klänge von Throbbing Gristle. Alexander wippte zufrieden mit seinen fettigen Haaren hin und her, die Musik war grauenvoll, ich schaute mich um, sie schien aber niemand auf der Party zu stören.

Alexander trug einen *vintage* Yves-Saint-Laurent-Blazer und darunter ein rotes T-Shirt, auf dem ein großes schwarzes Hakenkreuz aufgedruckt war, darunter stand, in einer kleinen schwarzen Schrift:

THE SHAH RULES OK IN '79.

Ich trank einen Schluck Cognac und ging auf ihn zu.

„Interessantes T-Shirt."

Alexander drehte sich zu mir hin und sah mich an.

„Was weißt Du darüber?" fragte er. Seine Stirn war schweißüberströmt, seine Haut bleich. Seine Pupillen waren wie kleine Nadelspitzen. Er sah völlig wahnsinnig aus, als habe er sich irgendwann sein Gehirn ausgeleert. Er sah aus wie ein Toter. Er hatte nichts mehr gemeinsam mit dem Bild Alexanders auf der Yacht, das ich kannte.

„Was weißt Du?" fragte er erneut.

„Na ja, was man halt so weiß." Ich bereute es im gleichen Augenblick, in dem ich es aussprach.

„Dann weißt Du auch über den Speer Bescheid? Den heiligen Berg Kailasch, Tibet, die einhundertacht Umrundungen?"

Zwei

„Nein, aber … Christopher wird es wissen."

„Christopher ist in Teheran? *Der* Christopher?"

„Ja. Er ist sogar hier auf der Party. Ich bin mit ihm hergekommen."

„Das spricht ja dann für Dich, daß Du ihn kennst. Ich dachte erst, Du seist nur so ein kleiner Homo, der sich wichtigmachen will."

„Nein, nein …" Mir fiel nichts dazu ein, und ich spürte, daß ich rot wurde.

„Gott haßt Schwule, weißt Du das?"

„Ja, das weiß ich. Ich mag auch keine Homos."

„Dann ist ja gut. OK. Willst Du Shabu-Shabu rauchen?"

„Was?"

„Schau mich nicht an wie ein Stück Brot. Shabu-Shabu. Crystal Meth. Die Nazi-Droge, das Biker-Glück, die neue Reinheit, Punkrock. Komm mit, wir werden es rauchen."

„Äh, fang schon mal ohne mich an, Alexander. Ich sehe Dich später."

Ich ließ ihn stehen. Irgend etwas in seinem erloschenen Gehirn fing an zu arbeiten, und ich merkte, daß er versuchte nachzudenken, woher ich bloß seinen Namen kannte. Ob er ihn wohl genannt hatte, dachte er. An die Ägäis konnte er sich nicht mehr erinnern, sicher nicht.

Das Lied von Throbbing Gristle war zu Ende, wenn man denn überhaupt von einem Lied sprechen konnte, ein neues begann, noch schrecklicher und lauter und unhörbarer.

Alexander fing wieder an zu tanzen; während er sich im Kreis drehte, zog er aus seiner Hosentasche ein kleines Glaspfeifchen, schob es sich in den Mund, hielt ein brennendes Feuerzeug an das Ende der Pfeife und zog daran. Ich ging Christopher suchen.

Nach einer Weile fand ich ihn, er stand etwas abseits, im Kreise dreier junger Frauen, die blond waren und lange Beine hatten und perfekt aussahen. Eine der Frauen hielt ein kleines blondes Mädchen an der Hand, es war vielleicht fünf oder sechs Jahre alt, es war ihre Tochter.

Die Mutter hatte dem kleinen Mädchen Strapse angezogen, eine Fischnetz-Strumpfhose, einen Schlüpfer und einen weißen Büstenhalter. Sie schraubte ein kleines Fläschchen auf, fuhr mit ihrem weißlackierten Fingernagel hinein und hielt sich eine Prise Kokain unter die Nase.

Ich sah, wie Christopher sich vor hellem Lachen schüttelte und sich dann das Fläschchen Kokain auf die Handfläche leerte, mit der Nase in seine Hand hineinfuhr und den Rest mit der Zunge ableckte. Als das kleine Mädchen ihre Hände nach dem Fläschchen ausstreckte, drehte ich mich weg.

Christopher sah genauso irr aus wie Alexander. Er war hysterisch, er benahm sich, als sei er Barbara Hutton auf einer ihrer eigenen Partys in Tanger. Er war so weit entfernt von mir. Ich hatte nie gewußt, daß er so hart sein konnte.

Zwei

Sicher, ich hatte es schon immer gewußt, aber diese Dinge sind immer Jahre bei einem, und man wußte es nie wirklich: Christophers Gesicht, wie er ein Glas hielt, wie er mit zurückgeworfenen Schultern lachte, es war alles nur äußerer Ausdruck für seine schrecklich kalte Härte. Es war schon immer so gewesen; Christopher war krank.

Es war wie vor ein paar Tagen nachts in der Wüste bei Alamut, nachdem die Steine und der Sand abgekühlt waren, richtig kalt wurde es, und er immer noch dort stand und vom Mond angestrahlt wurde – denn Christopher wurde immer angestrahlt –, und er nichts sagte und sich nicht bewegte. Er stand dort, regungslos, beleuchtet wie eine Statue.

Oder wenn ich mich nachts umdrehte und seinen Hinterkopf mit meiner Hand bedeckte oder wenn ich ihn zudeckte, weil ich merkte, daß er im Schlaf fror. Dann war es mir, wenn ich ihn im Halbdunkeln ansah, als sei er tatsächlich eine Statue, etwas Gegossenes, aber etwas, das niemand erschaffen hatte, sondern das einfach nur existierte, leuchtend, unnahbar und schrecklich.

Einmal in Ägypten, wir waren zusammen in einer anderen Wüste gewesen, der Wüste Sinai, hatte ich Angst; wir hatten eine Reifenpanne mit dem Peugeot, ich war hinausgelaufen hinter einen Felsen, und ich sah die Sterne, und er war mir nachgelaufen, um mich zu erschrecken, und in der

Ferne brannten diese Ölfeuer und tauchten den Sand und alles in fahloranges Licht, und dann erschrak ich wirklich, wie Christopher es geplant hatte, und ich zerriß versehentlich die Holzperlenkette, die Benjamin mir Jahre vorher geschenkt hatte, und das war es dann auch, meine Angst.

Manchmal redete er im Schlaf, wie alle natürlich im Schlaf reden, oder er zuckte, oder er träumte, daß ihm die Zähne ausfielen. Dann nahm ich ihn in den Arm, und ich mochte mich gerne leiden dafür, daß ich ihn in den Arm nahm, obschon wir seit Jahren nicht mehr miteinander geschlafen hatten. Ich sah mich immer von oben; ich liebte Christopher.

Der Besitzer des Hauses, ein bärtiger Iraner mit einem Kugelbauch und einem türkisfarbenen Lacoste-Pullover, stellte sich zu mir. Er hatte den Kragen seines gestreiften Polo-Hemdes nach oben geschlagen und schüttelte mir die Hand.

„Junger Freund, willkommen", sagte er. „Wo ist denn Ihr Christopher?"

„Irgendwo dort hinten. Ich habe ihn dort hinten gesehen. Guten Abend auch. Vielen Dank für die Einladung. Das ist eine ganz, ganz wundervolle Party." Ich schüttelte ihm immer noch die Hand, mit beiden Händen, und er nahm seine Hand wieder weg.

„Ach, wissen Sie, es wird leider die letzte sein, für lange Zeit", lächelte er, und als ich auf meine Sandalen sah, weil mir nichts darauf einfiel, fragte er, ob wir nicht vielleicht seinen Haschwald besichtigen wollten.

Er führte Christopher und mich – denn auf einmal, im Handumdrehen, war Christopher sofort wieder da, als ob er instinktiv gewußt hätte, daß er etwas verpassen würde – mit leichtem Druck seiner Hände um unsere Oberarme nach rechts, wir spazierten an dem Bächlein entlang, sprangen mit einem Satz drüber und tauchten in ein dunkles Gebüsch.

Irgend jemand hatte mehrere Eimer einer weißen Flüssigkeit in den Bach geleert, das Wasser floß jetzt milchig und trübe durch den Garten. Man konnte richtig durch den Haschwald hindurchgehen, und der Besitzer des Hauses erzählte von der Erde Teherans, die genau die richtige Höhe habe und auch die richtige Kieselsäure – es wäre, so sagte er, als liefen wir durch ein besonders gut gelegenes Weingut.

Die Bäume rochen schwer und harzig, beim Vorbeigehen streifte ich die Blätter mit meinem Jackett, der Geruch von Haschisch blieb darin hängen. Die Stämme der Pflanzen waren so dick wie mein Hals.

Auf einer kleinen Lichtung blieben wir stehen. Es war eine klare Nacht, die Sterne leuchteten über uns. Ich sah nach oben.

„Schaut mal, dort, der Große Wagen. Und da drüben, das ist Orion. Da oben, ganz klein."

„Los", sagte der Besitzer des Hauses. „Ziehen Sie sich aus."

Christopher fing an, sich die Hose aufzuknöpfen und zog sie herunter. Durch die Gazeverbände an seinen Beinen waren dunkelbraune, krustige Flecken zu sehen, die an den Rändern gelb ausfaserten. Er grinste, als erwartete er etwas Neues, etwas, das er noch nicht kannte, ein neues Spiel, ich kannte dieses Christopher-Grinsen gut.

„Alle beide", sagte der Besitzer des Hauses und zog sich seinen Lacoste-Pullover und sein Polo-Hemd über den Kopf. Er war dick und stark behaart. Ich sah, daß er eine Art Apparat um den Oberkörper geschnallt hatte; an diese hölzerne, taschenbuchgroße Maschine waren mehrere dünne Gummischläuche angeschlossen. Er nahm das Ende eines Schlauches in den Mund, ein anderes Ende gab er Christopher.

Beide waren jetzt aneinander angeschlossen, für einen Augenblick sah es so aus, als befänden sie sich in einem anderen Zeitalter, um die Jahrhundertwende. Die Maschine hatte etwas Viktorianisches an sich, etwas von der versteckten, schrecklichen Obszönität von Bronzeschrauben und dunklem, maseriertem Holz.

Zwei

Der Besitzer des Hauses begann zu keuchen und an dem Schlauch zu saugen. Dann drückte er einen kleinen kupferfarbenen Schalter, und die Maschine sprang an. Christopher war inzwischen ganz nackt.

„Ich habe gesagt, Sie sollen sich ebenfalls ausziehen", sagte der Besitzer des Hauses zu mir. „Gerade Sie. Hier, nehmen Sie auch einen Schlauch." Er hielt ihn mir hin.

Ich ekelte mich. Ich holte aus und schlug ihm mit der flachen Hand ins Gesicht. Der Schlauch fiel ihm aus dem Mund, ein dünner Streifen Blut rann ihm aus der Nase. Die Maschine begann zu summen. Der Besitzer des Hauses beugte sich vornüber, gab ein glucksendes Geräusch von sich und hielt röchelnd die Hände vors Gesicht.

Ich sah, daß ich ihn zu fest geschlagen hatte und begann sofort, mich zu entschuldigen. Ich hob den Lacoste-Pullover vom Boden auf und sammelte die heruntergefallenen Schläuche wieder ein.

„Lassen Sie nur, junger Mann. Es ist nichts. Ich fühle nichts", sagte der Besitzer des Hauses. „Kommen Sie, wir gehen in den Garten zurück." Er drehte sich zu Christopher.

„Und Sie ziehen sich besser wieder an. Trotzdem, ganz unglaublich, Ihr Potential." Christopher lächelte über das Kompliment und zog sich seine Hose wieder hoch. Oh, Christopher, dachte ich.

„Und wie kommen wir zurück in den Garten?"

„Gehen Sie mir einfach nach", sagte der Besitzer zu mir. „Der Wald ist ja nicht groß. Ach, jetzt, wo es mir einfällt: Habe ich Ihnen schon erzählt, daß ich uns einen Bernhardiner aus Grindelwald habe einfliegen lassen? Er liegt den ganzen Tag in der Sonne herum und läßt sich von meiner Tochter ärgern – Bernhardiner sind ja so gutmütig.

Apropos gutmütig: Ich habe einen Wagen erfunden, der mit einer Orgon-Abart läuft, er akkumuliert pausenlos Nostalgie. Die Maschine, die ich am Körper trage, funktioniert nach einem ganz ähnlichen Prinzip. Etwas unrentabel für einen Iraner, wo wir doch soviel Erdöl haben. Der Schah ist schuld, immer wieder der Schah. Der Schah ist auch so ein Nostalgie-Akkumulator, wissen Sie. Oh je – wir leben in merkwürdigen Zeiten, wir drei."

Wir traten aus dem Wäldchen heraus. Viele Gäste waren dazugekommen, das Fest schien ein großer Erfolg zu sein. Irgend jemand warf lachend ein Glas hoch in die Luft, es flog in hohem Bogen und zerschellte auf den Travertintreppen. Der Besitzer des Hauses wischte sich den blutenden Mund und die Nase mit einem Taschentuch ab und klopfte mir auf die Schulter.

„Vergessen wir das Ganze. Fühlen Sie sich wohl in meinem Garten", sagte er, und dann ging er weg.

Ich sah Christopher an. Er verdrehte die Augen, ich wußte, es war meinetwegen. Daß ich den Hausbesitzer ins Gesicht geschlagen hatte, tat mir wirklich leid, obwohl es ja gar nicht meine Schuld gewesen war. Außerdem war er ja wirklich nicht böse darüber gewesen, sondern im Gegenteil, er schien ganz erleichtert gewesen zu sein, daß seine *étrange* Maschine doch nicht zum Einsatz gekommen war.

Drei

„Idiot", sagte Christopher.

Ich hatte das dringende Verlangen nach einer Zigarette und klopfte die Taschen meiner Hose nach meinem Schildpatt-Etui ab. Es war verschwunden, ich hatte es wohl im Haschwald verloren.

„Gib mir eine von Deinen Zigaretten."

Christopher hielt mir eine hin, und während ich sie mir anzündete, sah er mich an. Ich hatte wieder alles falsch gemacht, wieder alles verdorben.

„Es tut mir leid."

„Du siehst nichts, gar nichts. Du bist nicht nur dumm, sondern auch blind."

„Was war denn da los, mit dem dicken Mann und dieser Maschine?"

„Vergiß es. Es wäre ja wirklich zuviel verlangt, daß ein Inneneinrichter das versteht."

„Christopher, Du benimmst Dich wirklich schrecklich."

„Fällt Dir kein schneidenderes Bonmot ein? Etwas Literarisches vielleicht? Du liest doch im Jahr ein, zwei Bücher ganz durch. Weißt Du was? Geh doch hinauf ins Haus und sieh Dir ein bißchen die schönen Möbel an, oder die Blumenarrangements."

Er war betrunken und hatte Kokain und was weiß ich was noch genommen, und er fühlte sich körperlich versto-ßen, und dann wurde er immer besonders unmenschlich und gemein.

„Hör auf."

Meine Kehle zog sich zusammen, ich bekam diesen wohlbekannten säuerlichen Geschmack hinten im Ra-chen, der bedeutete, ich würde gleich losweinen. Ich ver-suchte, es so zu drehen, daß ich nicht weinen würde, ich machte es wie immer in Situationen wie dieser; ich unter-warf mich ihm.

„Bitte, Christopher, sei nicht so grausam. Bitte."

„Die Sofas sind mit chinesischer Rohseide bezogen, aus der Provinz Yunan, wenn ich mich nicht irre. Los, geh schon, mandarinsprechender Freund. Hast Du die un-glaublich attraktive Hans-Arp-Plastik gesehen? Die dürfte Dich doch interessieren. Sogar Willi Baumeister haben die da oben, ganz erstaunlich, nicht?"

„Ich hasse Dich."

Er lachte. „Du kannst mich gar nicht hassen. Ich sehe viel zu gut aus."

Doch, ich haßte ihn. Aber es stimmte, er hatte recht, wie immer. Er sah so gut aus. Ich schmückte mich mit ihm, mit seiner Intelligenz, seinen blonden Haaren, seinem ebenmäßigen Gesicht, mit seinen grünen Reptilienaugen, die leicht schräggestellt waren, mit seiner braunen Haut, den weißblonden Armhaaren, in denen sich auf langen Autofahrten der Staub verfing und glitzerte. Er war meine Trophäe. Ich wünschte mir – ich weiß nicht mehr, was ich mir wünschte. Ich schloß für einen Moment die Augen.

„Ahhh. Sie waren im Haschwald?"

Ein junger Mann stellte sich zu uns. Er trug einen brombeerfarbenen Anzug und war etwas angetrunken. Er tänzelte. Sein Atem roch säuerlich. Er hatte sich mit einem Kajal-Stift dunkle Ränder unter die Augen gemalt, seine tiefschwarzen Haare waren oben mit einer Organzaschleife zusammengebunden, der Haarschopf stand senkrecht in die Luft hoch, an seinem Revers war eine violette Orchidee befestigt. Er sah aus wie eine Comic-Zeichnung.

Christopher sagte: „Ich habe selten so lachen müssen wie eben beim Durchstreifen des Haschwaldes. Und natürlich Ihre Frisur. Das ist ja ganz unglaublich. Benutzen Sie eine Art Wachs, oder wie machen Sie das?"

„Nein, ich stecke es mit einem Stück Draht hoch. Es ist anstrengend, ich mache es nur auf Partys, draußen in der Stadt kann ich das natürlich nicht." Er machte eine kleine Verbeugung.

„Ich bin Rumäne. Mavrocordato, guten Tag. Mein Großvater gründete an der Schwarzmeerküste einen utopischen Kleinstaat, zeitgleich mit d'Annunzios Fiume.

Das war gleich nach dem Ersten Weltkrieg. Was trinken Sie? Wodka vielleicht?"

Er klatschte in die Hände und hielt drei Finger hoch in die Luft. "Entschuldigung, aber Sie riechen beide wirklich stark nach Haschisch."

Ein livrierter Angestellter kam angelaufen und brachte drei Wassergläser Wodka und einen Bottich mit Eiswürfeln.

Ich nahm mir ein Glas und trank einen kleinen Schluck. "Danke. Ich bin mit der ... der Kleidung an den Haschischbäumen entlanggestrichen, deshalb ..."

"Ich habe von dem Kleinststaat gehört", unterbrach mich Christopher, legte seinen Arm auf meinen, zum sanften, nur vor Fremden so sanft angewandten Zeichen, ich solle jetzt lieber schweigen.

"Tristan Tzara soll dabeigewesen sein, es gab einen Goldschatz, der an alle verteilt wurde, und das Komitee, der Sowjet, löste sich irgendwann auf." Christopher trank das volle Glas Wodka in einem Zug leer.

"Sie kennen Cumantsa? Das ist ja wirklich ganz erstaunlich, die wenigsten wissen davon. Es war ein anarchistisch-dadaistisches Experiment, ein Witz als Staatsform." Er lachte, aber es war ein ganz anderes Lachen als Christophers.

"Es muß wunderbar gewesen sein. Und nach zwei Jahren war der Spuk natürlich vorbei, die Regierung aus Bukarest drohte einzumarschieren, und alle verschwanden im skythischen Nebel." Er machte eine merkwürdige, kreiselnde, schwirrende Handbewegung in der Luft.

„Das ist ja ganz ausgezeichnet, Mavrocordato. Sozusagen eine Freizone. Und was geschah mit Ihrem Großvater?" Christophers Körper schwankte hin und her, er versuchte die Balance zu halten, fast fiel er dabei um.

„Christopher, Du trinkst zuviel. Bitte hör auf."

Er ignorierte mich.

„Das, mein Lieber, wüßte ich auch gerne", sagte Mavrocordato. „Ich habe ihn nie kennengelernt. Eines der nach dem Zweiten Weltkrieg nicht abgeforderten Konten in Zürich läuft immer noch unter seinem Namen. Sie wissen, die jüdische A-Liste. Aber ich fürchte, Ihr Freund interessiert sich wenig für diese Dinge. Kommen Sie, erzählen Sie mir, was Sie hier in Persien machen." Er zog die Augenbrauen hoch und sah mich an.

„Wir sind Touristen. Wir waren bis gestern, äh … in der Nähe von Ghazvin, bei der Festung von Ibn-al-Sabbah." Ich kam mir dabei, wie so oft, unglaublich ungebildet und dumm vor, zumindest vor Christopher.

„Ach, Alamut. Und?"

Mavrocordato nippte an seinem Wodka und beobachtete mich dabei über den Rand des Glases; für eine Sekunde hatte ich das perfekte Gefühl, als wäre ihm Christophers Benehmen auch unangenehm, als wäre er eigentlich auf meiner Seite.

Drei

„Es ist nichts mehr von der Festung zu sehen, nur ein Haufen Geröll auf einem Berggipfel. Es war langweilig. Ein paar Steine, mehr nicht."

„Sie kennen die Geschichte des Gartens des alten Mannes vom Berge?"

„Ja. Christopher hat sie mir erzählt."

Ich sah nach unten, auf meine Füße. Die linke Sandalenschnalle war aufgegangen. Ich bückte mich und machte sie wieder zu.

„Ibn-al-Sabbah sperrte seine jungen Anhänger in einen Garten, um sie gefügig zu machen, und erzählte ihnen, es sei das Paradies."

„Sehen Sie sich um. Ein bißchen wie hier, meinen Sie nicht?" Er deutete mit einer Kopfbewegung um sich herum und hob dabei wieder die Augenbrauen. Durch sein merkwürdiges Gesicht und seine Bewegungen und durch die hochgesteckten Haare hatte er etwas von einem großen Vogel an sich.

„Ich würde eher sagen, dieser Garten ist das genaue Gegenteil des Paradieses."

„Mavrocordato, entschuldigen Sie meinen Freund. Er ist manchmal etwas ... einfach", sagte Christopher.

„Unsinn. Ich empfinde Ihren Freund als durchaus angenehm und interessant. Christopher, gehen Sie und holen Sie uns etwas zu trinken, seien *Sie* uns ein guter Freund." Er wedelte mit der Hand in die Richtung der Bar.

Christopher zog an seiner Zigarette und ging weg. Er war wütend, er zeigte es nicht, aber ich wußte es genau, ich sah es an seinen Schultern, er zog sie leicht hoch beim Gehen. Er schnippte die Zigarette im hohen Bogen in den Rasen.

Mavrocordato nahm mich am Arm und zog mich beiseite. „Das Interessante an Ibn-al-Sabbah war, daß er seine Anhänger betäubte, wissen Sie, daß er sie aus dem Garten wieder herausführte und ihnen dann erzählte, nur er könne sie wieder hineinführen."

Ich hatte noch nie jemand kennengelernt, der Christopher so behandelte. Aus den Lautsprechern kam jetzt ein elektronisches Stück, es war schrecklich, es klang nach Maschinen, es machte mir angst, der Text ging so, wenn ich ihn recht erinnere:

The circus of death is approaching
Its pathway is painted in red.

„Ich mag dieses Lied nicht. Ich habe es schon mal gehört."

„Dann hören Sie doch diesmal einfach nicht hin", sagte Mavrocordato.

„Vor ein paar Tagen hat mir jemand eine Kassette von den Ink Spots geschenkt."

„Ein Iraner, nehme ich an."

„Ja, woher wissen Sie …"

„Ach, es gab da so eine Geschichte in ein paar Untergrundzeitungen über amerikanische Sklaven und deren

Drei

Musik. Gar nicht weiter interessant, Propaganda, Erfundenes, glatte Lügen, das Übliche. Haben Sie die Kassette noch?"

„Sie liegt im Hotelzimmer, glaube ich."

„Sie hätten Sie wegwerfen sollen."

„Aber warum?"

„Vergessen Sie es, es ist nicht wichtig. Viel wichtiger: Sie, mein Lieber, Sie werden in Kürze halbiert werden, um dann wieder ganz zu sein. Und die Halbierung wird sehr bald beginnen, schon in den nächsten Tagen."

Ich wünschte in diesem Moment, ich hätte etwas gelernt. Nicht mich mit Interieurs zu beschäftigen, sondern richtig viel zu wissen, so wie Christopher, Bildung zu haben, denken zu können. Die anderthalb Jahre Mandarin zählten ja auch nicht wirklich, ich hatte es nur versucht zu lernen, weil ich mich für chinesische Keramik und Seide interessierte, und natürlich auch, um Christopher einen Gefallen zu tun.

Er hatte uns beiden einen chinesischen Lehrer besorgt, er kam viermal die Woche zu uns nach Hause, und Christopher verlor schnell das Interesse daran, wahrscheinlich, so dachte ich damals, weil er es nach drei Monaten schon perfekt konnte. Ich fand es unglaublich schwer, aber nach anderthalb Jahren, wie gesagt, konnte ich Mandarin verstehen und auch sprechen, obwohl das Lernen wirklich harte Arbeit gewesen war.

Ich beobachtete Christopher, der am anderen Ende des Gartens neben Alexander stand, ein frisches Wasserglas Wodka in der Hand, mit dem Finger in Alexanders Brust bohrend, ins Zentrum des Hakenkreuzes hinein. Sie nahmen beide Züge aus Alexanders Glaspfeifchen, dann umarmten sie sich und lachten so heftig, daß sie vornüber auf den Rasen fielen.

Alexander kniete sich hin und setzte eine Flasche armenischen Cognac an, er gab sie Christopher, der ebenfalls in tiefen Zügen daraus trank, und dann standen sie auf und rannten beide schreiend und wild gestikulierend die Treppen hinauf in den großen Salon. Mavrocordato schüttelte mit dem Kopf. Ich sah nicht mehr hin.

„Wie meinen Sie das, halbiert? Werden wir uns trennen? Ich kann mich nicht von ihm trennen. Das wird nicht gehen, wissen Sie, wir sind sehr lange befreundet, und für eine Trennung ist es längst zu spät."

„Nein, nein. Es wird viel einfacher sein."

Oben von der großen Steintreppe war erst ein gellender Schrei und dann das Geräusch von zerspringendem Glas zu hören; irgend jemand war durch die große Glastür gefallen. Ich schaute nicht hoch, ich wußte genau, wer es war.

„Ich halte es nicht mehr aus."

„Was denn?" fragte Mavrocordato, lächelte, legte den Kopf zur Seite und sah mir in die Augen.

Drei

„Christopher."

Ich erschrak plötzlich vor mir selbst. Ich hatte es ausgesprochen, wirklich ausgesprochen, noch dazu vor einem
Menschen, den ich noch nicht einmal eine halbe Stunde
kannte. Ich starrte auf die Orchidee an Mavrocordatos
Revers.

„Ich halte Christopher nicht mehr aus."

„Seien Sie nicht so ein Jammerlappen. Sie glauben, Sie
haben irgend etwas verstanden? Sie werden noch viel
mehr aushalten müssen, noch viel mehr", sagte Mavrocordato und wischte sich mit der Hand eine dunkle Haarsträhne aus der Stirn.

„Es wird alles noch viel, viel schlimmer werden, glauben Sie mir."

Er beugte sich nahe zu mir hin. Ich konnte seine Zähne
einzeln erkennen. Ich fühlte seinen heißen und sauren
Atem auf meiner Nase, wie ein junger Hund, dem man im
Schlaf auf die Nase pustet.

„Es kann auch sein", sagte er, „daß *Sie* halbiert werden,
nicht Ihre Beziehung, sondern Sie körperlich, wirklich halbiert. Haben Sie daran schon mal gedacht?" Er zündete
sich eine Zigarette an, saugte gierig den Rauch ein, warf
den Kopf zurück und ließ den Rauch dann sachte aus den
Nasenlöchern heraussprudeln.

Mavrocordatos ganze Art, sein ganzes Wesen machte
mir angst. Mir war, als wüßte er viel zuviel, als wüßte er
genau, daß ich ihm dankbar war, daß er Christopher weg-

geschickt hatte und daß er nur mit mir reden wollte. Alle
waren immer auf Christophers Seite; daß er mich mochte,
war zwar ein gutes Gefühl gewesen, ein kribbelndes Gefühl, aber das mit dem Auseinanderschneiden mochte ich
überhaupt nicht hören, davor fürchtete ich mich.

„Christopher ist sehr krank."
   „Das sind wir alle, mein Lieber. Sehen Sie sich das hier
an. Wir können das alles nie wiedergutmachen, niemals."
Er zeigte mit einer kreisenden Handbewegung in den
Garten um uns herum, und dann hakte er sich bei mir ein.
   „Hätten Sie Lust, nach oben in den Salon zu gehen?"
   „Ja, äh, natürlich."
   „Ausgezeichnet. Ich würde nämlich gerne mit Ihnen
ein Glas Tee trinken."

Wir liefen zusammen die Treppe hoch, an den Scherben
des großen Panoramafensters vorbei, die Mavrocordato,
meinen Arm einen Moment loslassend, mit einem Satz
übersprang. Erst jetzt sah ich, daß er gar keine Schuhe trug; er war barfuß, und seine Füße waren stark
behaart.
   Christopher und Alexander lärmten in einer weit ent-
fernten Ecke des Gartens, drüben, bei dem Bächlein. Ich
sah gar nicht mehr hinüber.

In einer Ecke auf einem Tischchen, unter einer herrlichen
Schäferszene, einer Radierung von Fragonard, stand ein

alter silberner persischer Samowar, den ich schon vorhin beim Hereinkommen bewundert hatte. Ich nahm
zwei Gläser von dem Tablett, das daneben auf einer Bie-
dermeier-Anrichte stand, drehte an dem kleinen, zarten
Ebenholzgriff des Samowarhahns, goß die Gläser voll mit
dampfendem Tee und brachte sie Mavrocordato.

„Zucker?"

„Nein, danke." Er hatte sich auf eines der Sofas gesetzt
und klopfte mit der flachen Hand auf das Kissen neben
sich.

„Kommen Sie, setzen Sie sich hierhin", sagte er. Ein
Hausangestellter brachte einen Aschenbecher und eine
silberne Schüssel, in der sechs wie Blütenblätter angeord-
nete Pistazien lagen. Mavrocordato drückte seine Zigarette darin aus.

Ich setzte mich, ordnete mit der Hand meine Haare, schlug
die Beine übereinander und trank einen Schluck Tee, der
so heiß war, daß ich das Glas nur am oberen Rand mit zwei
Fingern halten konnte.

„Sie sind Innenarchitekt?"

„Woher wissen Sie das?"

Mavrocordato lachte, und die Organzaschleife in seinem Haar wippte hin und her. „Das, mein Freund, ist kein
großes Geheimnis. Ich sehe es zum Beispiel an der Art und
Weise, wie Sie die Dinge betrachten, Gemälde, Teppiche.
Es ist gut, wenn man schöne Dinge liebt. Sie haben sich

natürlich dadurch Ihre Unschuld bewahren können, Ihre Naivität, dadurch, daß Sie noch schauen können."

„Das verstehe ich nicht."

„Ich will versuchen, es Ihnen zu erklären. Sie haben Glück, Sie sind rein, Sie sind ein offenes Gefäß, wie der Kelch Christi, wie die Schale Josefs von Arimathea. Sie sind das, was Alexander gesucht hat im Karakoram-Gebirge, bei den Hunzas, in Gilgit. Sie sind ... Sie sind – *wide open*. Etwas, das man von Ihrem Freund Christopher nicht behaupten kann."

„Sie kennen Alexander?"

„Nicht diesen Alexander, Unsinnsperson. Ganz sicher nicht dieses Wrack da unten, mit seinen halbgaren eleusischen Mysterien."

„Welchen Alexander meinen Sie?"

„Stellen Sie sich den Alexander dort auf dem Rasen als jemand vor, der andere Menschen häutet und sich dann deren Haut anzieht. Er ist ein Niemand. Vergessen Sie ihn. Nein, nein, der Alexander, den ich meine, ist viel älter: Ich meine Alexander den Großen. Ganz lange her, das. Ich meine natürlich den weißen Zar, den dunklen Schatten, Ariman, einen Teil Agarthis, Baron Ungern von Sternberg. Er kommt oft wieder, durch die Jahrhunderte, in Gestalt vieler Menschen."

„Ich weiß immer noch überhaupt nicht, wovon Sie eigentlich sprechen."

Drei

„Dann werden Sie es bald verstehen. Sehen Sie, es gibt Gegenbewegungen zu all dem Horror hier." Er lächelte, griff sich ans Revers, nahm die Orchidee und legte sie auf das Sofa zwischen uns.

„Sie erzählen mir immer von Dingen, die ich verstehen werde und die bald passieren werden, Mavrocordato. Entschuldigung, aber ich finde das ziemlich … ziemlich arrogant. Woher wollen Sie denn das so genau wissen?"

Er stellte das Teeglas auf den Couchtisch und nahm meine Hand in seine. Ich wollte sie erst zurückziehen, dachte dann aber sofort, daß das lächerlich aussehen würde. Meine Hand lag in seiner, und ich fühlte, daß er dabei den kleinen rechten Finger zurückbog und in der Handfläche verborgen hielt, als sei dieses Zurückbiegen des kleinen Fingers irgendein geheimes, mächtiges Zeichen, das er mir geben wollte.

„Woher wissen Sie denn so genau um die Zukunft? Sagen Sie es."

„Es ist ganz einfach", sagte er, und dann drückte er meine Hand sehr fest. „Ich weiß es, weil es geschrieben steht."

Dann stand er auf, zündete sich eine Zigarette an und sagte: „Eines steht ganz sicher auch noch geschrieben: Diese Stäbchen hier werden mich umbringen."

Er hielt die Zigarette mit Daumen und Zeigefinger hoch, zwinkerte mir zu, verbeugte sich und ging zum Ausgang des Hauses, ohne sich noch einmal umzudrehen.

„Auf Wiedersehen, Mavrocordato", sagte ich leise, als hätte er mir helfen können, wenn ich nur die richtigen Dinge gesagt hätte, aber da war er schon weg.

Vier

Christopher lag auf dem Rücken im Gras und rührte sich nicht. Die Frau mit dem Luftgewehr saß neben ihm und sah in den Nachthimmel. Ihre Augen waren geschlossen. Ich ging über den Rasen zu ihm hin. Er blutete aus der Nase, an der Schläfe hatte er eine tiefe Schnittwunde. Der Bernhardiner des Hausbesitzers stand über ihm und leckte das Blut auf Christophers Gesicht mit seiner langen Hundezunge ab.

Ich kannte das ja, Gott, es war immer so, wenn er *seriously* trank; irgendwann wurde er eben ohnmächtig. Manchmal dachte ich, er blieb nur noch bei mir, damit ich ihm nach Hause helfen konnte, wenn er wieder in katatonischen Zuständen war. Wer sollte es auch sonst tun? Einen ohnmächtigen, im Dreck liegenden Christopher fand niemand interessant.

Ich scheuchte also den Bernhardiner weg, ging neben Christopher in die Hocke und knuffte ihn in die Seite. Er stöhnte, bewegte sich aber nicht.

An seinen Nasenlöchern bildeten sich Blutbläschen, die platzten, wenn er ausatmete. Sein Hemd war schweißnaß, er roch nach Cognac, nach etwas Chemischem und nach Hund. Ich schloß für einen Augenblick die Augen, atmete tief ein und konzentrierte mich. Als ich wieder aufsah, war die Frau mit dem Luftgewehr verschwunden.

In Christophers Wange steckte eine kleine Glasscherbe. Ich zog sie vorsichtig heraus, sie war nur außen klein, der Teil, der im Gesicht steckte, war groß und schartig. Es blutete ziemlich stark. Ich hielt erst einen Finger auf die Wunde, dann nahm ich mein seidenes Taschentuch von Charvet – Christopher hatte es mir in Buenos Aires geschenkt – aus der Hosentasche, faltete es und legte es ihm auf die Wange. Das Paisleymuster wurde dunkel und wusch an den Rändern aus.

Christopher schlug die Augen auf und sah mich an.

„Du bist es", sagte er.

„Christopher, ein Glück. Hör mal, Du bist verletzt, wir müssen ..."

Er nahm das Taschentuch von der Wange, hielt es hoch und zerknüllte es langsam in seiner Hand.

„Das Paisley-Tuch. Du hast es ja noch. Weißt Du, woher das Paisleymuster, das im Iran so beliebt ist, eigentlich stammt? Man sagt, daß Omar, der die bis dahin zoroastrischen Perser zwang, den Islam anzunehmen, es als Symbol entwickelte, um die Gebrochenheit der Macht des

Zoroastrertums zu verdeutlichen. Sieh nur, das Paisley ist eine Fichte, die sich beugt. Und die Fichte ist ja das Zeichen der Zoroastrer, siehst Du?"

„Ach, Christopher."

In diesem Augenblick war er wieder der alte Christopher, alles, was ich an ihm liebte, war wieder da. Ich kniete neben ihm, den Kopf leicht schräg gelegt, meine Hände waren gefaltet; für jemand, der uns nicht zuhörte, mußte es aussehen, als ob ich beten würde.

„Weißt Du, was das Komische daran ist? Omar war Sunnit. Noch heute heißt es im Iran *Yek sag-e sunni*. Er ist ein sunnitischer Hund."

Und dann machte Christopher die Augen wieder zu und war still. Ich schüttelte ihn am Arm, ich boxte ihn in die Seite, aber er bewegte sich nicht mehr.

Ich hatte absolut keine Ahnung, wie ich ihn zurück ins Hotel bringen sollte. Ich würde Hasan um Hilfe bitten müssen, schließlich war es sicher nicht ganz ungefährlich, einen komatös betrunkenen, mit Drogen vollgepumpten, blutenden Christopher durch ganz Teheran zu chauffieren. Ich bat einen Hausangestellten, Christopher mit mir die Treppen hochzutragen, durch den Salon hindurch.

Ich hob ihn unter den Achseln hoch, der Angestellte packte ihn an den Beinen, ich dachte noch, er würde sich ekeln, wenn er die nässenden Beine anfaßte; wenn es so war, ließ er es sich aber nicht anmerken.

1979

Die anderen Gäste sahen kurz zu uns her und vertieften sich dann wieder in ihre Gespräche, als sei gar nichts, oder zumindest nicht viel, nichts, was sie nicht schon vierzigmal auf Partys gesehen hätten.

Als wir ihn durch den Rahmen des großen Fensters trugen, sah ich die Frau, die vorhin noch ein Luftgewehr im Arm gehabt hatte. Sie schaute mich an, biß in einen Keks und ordnete sich das hellblaue Kleid. Vorne auf dem Kleid, unterhalb ihres Bauches, waren Blutflecken. Ich sah rasch weg.

Wir legten Christopher auf ein Sofa, ein weißes Damastkissen wurde ihm unter den Kopf geschoben. Darauf breitete sich rasch rings um seine Schnittwunden ein dunkelroter Schmetterling aus.

Der Hausangestellte brachte ein weißes Frotteehandtuch, wir legten es ihm vorsichtig auf das Gesicht. Dann ging ich Hasan holen.

Er war hinter dem Steuer des Cadillac eingeschlafen, die Zeitung war ihm aus der Hand gerutscht, er schlief mit zurückgelehntem Kopf und offenem Mund. Als ich vorsichtig mit den Knöcheln an die Fensterscheibe klopfte, fuhr er zusammen.

„Hasan, kommen Sie bitte mit mir ins Haus. Wir müssen Christopher holen, es geht ihm gar nicht gut."

Vier

Wir trugen Christopher zu dritt unter dem Portrait des Schahs vorbei durch das Haus und auf die Rückbank des Wagens, ich drückte dem Hausangestellten ein paar Dollarscheine in die Hand. Hasan sah nach links und rechts die Straße hinunter und beugte sich dann über Christophers Gesicht.

„Wir werden ihn ins Krankenhaus bringen müssen", sagte er und zog mit dem Daumen Christophers Augenlid hoch. Dahinter war nur Weißes zu sehen. Er befühlte die Halsschlagader mit zwei Fingern.

„Ich kenne ein Krankenhaus im Süden Teherans, dort müssen wir keine großen Auskünfte geben, wegen des Alkohols und der Drogen, meine ich. Es ist allerdings kein … westliches Hospital."

„Was heißt das?"

„Na ja, es ist nicht sehr sauber, und es gibt viele schlechte Menschen, Heroinabhängige, Diebe. Was meinen Sie?"

„Müssen wir dahin? Können wir ihn nicht in eine Privatklinik bringen?" Ich fühlte mich plötzlich ohnmächtig. Aus Christophers leicht geöffnetem Mund tropfte ein Spuckebatzen auf sein Pierre-Cardin-Hemd.

„Wenn uns zufällig ein Komiteh erwischt, dann sieht es sehr schlecht aus. Herr Christopher kann ausgepeitscht werden."

„Aber diese … Komiteh haben doch überhaupt keine Macht. Und eine Privatklinik ist doch privater." Ich merkte, wie meine Stimme weinerlich und hilflos klang.

1979

„Das Krankenhaus im Süden ist anonymer. Herr Christopher hat eine schwere Alkoholvergiftung. Und dann die Drogen, was ist mit denen? Außerdem muß er im Gesicht genäht werden, sehen Sie? Und dann das Fieber und die vielen Blasen am Körper."

„Aber niemand würde es wagen, einen Cadillac anzuhalten. Wir bräuchten doch nur die Miliz zu rufen."

„Die Zeiten haben sich geändert. Es ist Revolution. Die Miliz würde nicht kommen. Oder sie kommt und verhaftet uns trotzdem. Die Savak hat viele neue Gesichter."

Hasan hatte recht. Ich wollte keine Entscheidungen treffen, Hasan würde es besser wissen. Ich war schwach, ich wußte nichts, ich war nicht stark genug.

Hasan schlug die Hintertüren zu, und ich setzte mich nach vorne auf den Beifahrersitz. Wir fuhren eine ganze Weile bergab, nahmen dann nicht die große Ringstraße, sondern fuhren kleinere, wenig befahrene, kaum beleuchtete Gassen hinunter. Ich bildete mir ein, die Dunkelheit Teherans legte sich um den Wagen wie eine schützende braune Decke, in die ich mich einhüllen konnte.

Einmal fuhren wir durch eine Straßensperre; Stacheldraht war in Rollen über die Straße gespannt worden, und mir rutschte das Herz in die Hose – ich konnte nicht erkennen, ob es reguläre Soldaten waren oder nicht, aber ein Mann mit Vollbart, der eine Maschinenpistole vor den Bauch geschnallt trug und eine weiße Binde um die Stirn, winkte uns durch, ohne ins Auto sehen zu wollen.

Vier

Die Klappe des Handschuhfachs fiel immer wieder auf, ich hielt sie mit der Hand fest. Hinten röchelte Christopher. Es war zum Herzerweichen, aber als ich mich umdrehte und ihn ansah, wie er dalag, das rot-weiße Frotteehandtuch um den Kopf gewickelt, wie ein halbleerer Müllsack sah er aus, wie ihm seine schweißnassen Haare in die Stirn fielen und er auf sein Hemd blutete und sein linkes Auge glotzend halb offen stand, da sah ich ihn auf einmal in seiner ganzen, wirklichen, seiner linkischen Erbärmlichkeit, und plötzlich, auf einmal, sah ich auch mich in meiner ganzen widerlichen Erbärmlichkeit.

Der Mensch dort auf dem Rücksitz hatte nichts mehr vom goldenen Christopher; der von allen geliebte, hochintelligente Architekturkenner, Alleskenner, Alleswisser, der herrlich blasierte, viel zu gut aussehende blonde Zyniker, Christopher, mein Freund, war verschwunden.

Fünf

Das Spital lag in einer Seitenstraße im Süden Teherans. Es sah von außen wirklich nicht wie ein Krankenhaus aus, ganz und gar nicht. Es war dreistöckig, von einem grünlich zischelnden Neonschild leuchtete unverständliche persische Schrift herab. Die Mauern waren mit braunen Schlieren überzogen, das Gebäude selbst hatte keine Vorfahrt für Krankenwagen und offenbar auch keinen Haupteingang.

Wir parkten den Cadillac, blieben einen Moment sitzen, und im Licht der Scheinwerfer sah ich zwei große graue Ratten, die sich vor uns gegenseitig hin und her durch den Rinnstein jagten.

Der Mond, der oben im Norden Teherans noch gelb und groß über der Stadt gegangen hatte, war nun überhaupt nicht mehr zu sehen. Hasan stellte den Motor ab und wischte sich mit beiden Händen lange und immer wieder über das Gesicht. Er murmelte ein paar Worte, die ich nicht verstand. Die Scheinwerfer des Wagens brannten noch, Hasan stellte sie ab, und wir stiegen langsam und vorsich-

tig aus. Ich trat mit der Sandale in eine braune Pfütze, obwohl es gar nicht geregnet hatte.

Ein Müllhaufen lag unabgeholt ein Stück die Straße hinunter, der Müll roch wie kein anderer Geruch dieser Welt,
nämlich nach verwesendem Rindfleisch; ich nahm an, daß
es Krankenhausabfälle waren.

Als wir Christopher aus dem Wagen heraushoben, lief
ein Hund zum Müllhaufen, roch daran, wühlte tatsächlich
mit der Pfote darin herum, nahm sich etwas heraus, drehte sich dann um und verschwand mit der Beute im Maul
die Straße hinunter.

Hasan trug Christopher auf dem Rücken zur Tür des
Spitals. Die Berluti-Schuhe an seinen Füßen schleiften dabei durch den Straßenstaub. Ich ging nebenher und hielt
den beiden die Tür auf, und dann waren wir drinnen, und
drinnen war es noch kühler als auf der Straße – eine Klimaanlage blies leicht feuchte, tote Luft durch die Räume.
Es roch nach etwas Bekanntem, ich dachte daran, daß es
genauso roch wie bei dem Zahnarzt in der Rue de Mon-
taigne, mit dem Christopher einmal ein Verhältnis gehabt
hatte.

Hinter einem mit Resopal bezogenen Schreibtisch, der als
Rezeption diente, saß ein bärtiger Mann in einem weißen
Kittel mit geschlossenen Augen. Hasan legte Christopher
sanft auf eine Holzbank an der Wand und bedeutete mir,

ich solle mich neben ihn hinsetzen. Christopher fing wieder an zu röcheln, und ich hatte Angst, weil er auf dem Rücken lag, würde ihm Blut in die Lunge laufen, und ich drehte ihn vorsichtig auf die Seite.

Hasan stellte sich zu dem bärtigen Mann an den Tisch, aber als er etwas sagen wollte, klingelte das Telefon, und der Rezeptionist öffnete die Augen, nahm den Hörer ab und hob die Hand, Hasan solle schweigen. Er fuhr sich durch den Bart, während er sprach.

Hasan blieb geduldig, fast demütig neben dem Schreibtisch stehen, den Kopf gesenkt, wartend. Der bärtige Mann drehte sich auf seinem Drehstuhl weg, zur Wand hin, und legte die linke Hand auf die Sprechmuschel des Telefonhörers. Dabei rieb er sich mit der rechten Hand, ich sah es genau, an seinem Knie herum, und eigentlich wollte ich in diesem Moment aufspringen und ihn anschreien, er solle uns jetzt gefälligst helfen, ließ es dann aber sein. Ich wollte nicht respektlos erscheinen, Hasan würde es schon richtig machen.

Das Telefongespräch dauerte eine Ewigkeit. Die Wände waren hellgrün angestrichen, nein, eher waren sie lackiert. Die Neonlampen an der Decke spiegelten sich auf dem Linoleumfußboden, ohne wirklich Helligkeit zu verstrahlen. Eine Fliege spazierte am Rande der Holzbank entlang. Weiter links, die Gänge hinunter, wurde eine Tür zugeschlagen.

Fünf

Hasan murmelte irgend etwas, es gab einen langen Austausch von Höflichkeiten, und irgendwann nahm der Rezeptionist den Hörer wieder ab, und Hasan drehte sich zu mir um, lächelte und machte ein Daumen-hoch-Zeichen.

Wir warteten. Der Mann hinter der Rezeption schlug ein Buch auf, notierte etwas hinein, und nach einer Weile kamen zwei bärtige Männer in schmutzigen Kitteln herbei, und Christopher wurde auf eine Bahre gelegt, die mit hellbraunem Kunstleder überzogen war. Ich dachte noch: Tragen eigentlich alle Menschen in diesem Land Vollbärte? Sie schoben ihn einen langen Gang hinunter, bogen dann nach rechts ab, und einer von ihnen öffnete eine Tür.

Ich blickte kurz in den Saal. Der Gestank war unglaublich. Es roch nach Abfall. Im Saal lagen vielleicht dreißig Männer auf zwanzig Betten. Die Wände waren mit Kot und Blut beschmiert. Überall standen große Blecheimer herum, über deren Ränder beschmutzte Mullbinden hingen. Einigen Männern fehlte ein Teil des Gesichts, andere ließen ihre Armstümpfe über die Bettkante hängen, eingewickelt in dunkelbraun verfärbte Bandagen.

Die beiden Helfer rollten die Bahre in das Zimmer und ließen Christopher dort stehen. Er rührte sich nicht. Ich sah, wie in einem der Betten zwei bandagierte Männer in Schlafanzügen aufeinander lagen und sich mit ruckartigen

Bewegungen sexuelle Erleichterung verschafften. In ihren Gesichtern war nichts zu sehen, kein Ausdruck, nichts.

Ich drehte mich um und schlug die Hände vor das Gesicht. Hasan war draußen im Gang geblieben, ich mußte mich an seinem Arm festhalten, so sehr zitterten mir die Knie.

„Wir können Christopher unmöglich in diesem Raum liegenlassen. Da drinnen sterben Menschen. Es ist unglaublich schmutzig, ich habe so etwas noch nie gesehen."

„Es ist sonst nichts frei", sagte Hasan und zündete sich eine Zigarette an. „Dies ist ein öffentliches Krankenhaus, das habe ich Ihnen gesagt. Sie waren damit einverstanden."

„Christopher braucht ein Einzelzimmer, Hasan. Haben Sie die Laken gesehen? Das sind doch keine Bettlaken mehr, das sind dreckige Lumpen. Und diese armen Menschen da drinnen. Er wird sich Lepra holen, Typhus, weiß Gott was."

Hasan biß in den Fingernagel seines Ringfingers und sah mich an.

„Wir müssen einfach mehr Geld bezahlen, hier, Hasan. Nehmen Sie."

Ich grub in meinen Taschen herum und hielt ihm die ganzen restlichen Scheine hin, die ich dabeihatte. Es waren vielleicht zweihundert Dollar.

„Ich bitte Sie, ich weiß nicht, was ich sagen soll. Sie haben schon so viel für uns getan. Bitte sprechen Sie mit irgend jemand, ich flehe Sie an. Im Namen ... im Namen Allahs des Barmherzigen."

Hasan ließ die Zigarette fallen, drückte sie mit dem Schuh auf dem Boden aus und legte sanft die Hand auf meinen Oberarm.

„Ich kann einem Ungläubigen, der in seiner Stunde der Not Allah anruft, meine Hilfe nicht verweigern", sagte er.

„Wenn Sie erlauben, geben Sie mir das Geld."

Er nahm die zusammengeknüllten Dollarscheine, zählte sie, nickte kurz und marschierte den Gang hinunter. Ich sah ihm nach, denn in das Schreckenszimmer, in dem Christopher auf der Bahre lag, konnte ich nicht mehr hineinsehen. Ich setzte mich auf den Linoleumfußboden. Ich war so müde, aber ich mußte Kraft haben, ich mußte es schaffen, auch wenn Christopher nicht mehr gesund werden würde.

Wir bekamen ein Einzelzimmer. Christophers Gesicht wurde hastig genäht, ohne Narkose, aber er merkte nichts davon. Er bekam den Schlauch eines Tropfs in den rechten Arm gesteckt und einen in den linken. Der Arzt ging weg.

Das Zimmer war klein und finster, Staub lag auf den Möbeln, aber das Bettlaken war weiß, es gab eine Nachttischlampe und eine Klingel neben dem Bett, die man drücken konnte. Die hellbraunen Berluti-Schuhe lagen auf dem Fußboden, ich stellte sie ordentlich nebeneinander, mit den Schuhspitzen zur Wand.

Ich wünschte mir allersehnlichst ein Glas heißen Tee, aber als ich klingelte, kam niemand. Ab und zu nickte ich ein, ich hatte den Stuhl an das Bett geschoben und meinen Kopf auf die Stuhllehne gelegt; immer wenn ich einschlief, schreckte ich nach ein paar Sekunden wieder hoch.

„Mir geht es nicht gut", sagte Christopher. Ich war hellwach.

„Du wirst wieder gesund werden. Sei bitte ganz ruhig. Erinnerst Du Dich an den kleinen Hund, den ich Dir einmal geschenkt habe? Du hast ihn zuerst nicht gemocht, weil er Dir wie eine Last erschien, eine zusätzliche Last … Er hatte keinen Namen. Erinnerst Du Dich an die Ohren? Ein Ohr stand immer hoch, auch wenn er schlief."

„Ich weiß es nicht mehr."

„Oder an dieses goldene Spritzbesteck, das Du unbedingt haben wolltest. Es steckte in einem Futteral aus dunkelrotem Samt, wir haben es zusammen auf dem Marché des Puces in Paris gekauft, Du fandest es so elegant, Christopher, Du wolltest Dir immer vorstellen, Du seist heroinabhängig."

„Es ist so dunkel hier drinnen. Wo sind wir?"

„Wie sieht Deine Mutter aus, Christopher? Bleib bitte wach, bitte. Hast Du ihr Gesicht vor Augen? Kannst Du sie

76

sehen? Du hast sie mir nie vorgestellt, weil es für Dich nicht zu ertragen gewesen wäre, Deine Mutter und ich zusammen auf einem Sofa, milchigen Tee trinkend und Gurkentoasts essend, das hast Du immer gesagt."

„Ich finde Dich so langweilig. Ich habe Dich schon immer langweilig gefunden. Ich wollte nur nicht alleine sein, das war alles. Und jetzt gehe ich weg und lasse *Dich* allein."

Ich schlief. Und ich träumte noch mehr, aber ich erinnerte mich nur an dieses kurze Gespräch; er war wieder wach und bei Sinnen, und in seinem Gesicht steckten jetzt viele Glasscherben, vielleicht acht oder zehn, er blutete aber nicht, und als ich das Bettlaken vorsichtig an ihm herunterzog, sah ich unzählige kleine Wunden an seinem ausgemergelten Körper, er war ja so dünn, der Christopher. Ich deckte ihn wieder zu, setzte mich zurück auf den Stuhl und schlief.

Irgendwann in der Nacht starb er. Sein Mund war geöffnet, ich versuchte, ihn zu schließen, aber es gelang mir nicht. Er lag da, bleich, mit offenem Mund, und ich fühlte eine Zartheit in mir aufsteigen, die ich seit vielen Jahren ihm gegenüber nicht mehr gekannt hatte.

Ich nahm seine Hand, sie war klein, viel kleiner als ich in Erinnerung hatte, sie wog fast gar nichts. Ich zog den Tropfschlauch heraus und dachte daran, daß ich seine Hand seit Jahren nicht mehr gehalten hatte. Ich legte Christophers Hand vorsichtig wieder hin, auf das Laken.

Ich hatte mir alles anders gewünscht, eher wie bei Wallis Simpson und dem Herzog von Windsor; er dankte ab aus Liebe, ich hatte ein Foto immer bei mir, auf dem die beiden abgebildet sind, auf einem rosafarbenen Seidensofa sitzend, er hält sein Knie fest und sie ihren kleinen Mopshund, und beide schauen in die Kamera, und er zieht die linke Augenbraue hoch, und sie kann fast nicht mehr gukken, weil sie schon so oft operiert und geliftet worden ist, *tuck and snip.*

So ein Ende, so ein langes Zusammensein mit so einem Ende hatte ich mir gewünscht. Und nicht diesen eingefallenen Papiersack, der vor mir auf dem Laken mit nicht wieder verschließbarem Mund in diesem Höllenkrankenhaus in Teheran lag. Nicht diese Hülle, etwas anderes, es war so wenig schick.

Ich blieb die ganze Nacht hindurch bei Christopher und sah ihn an. Durch die schmutzigen Scheiben des Fensters wurde das Tiefseeblau der Nacht allmählich dunkellilafarben und dann, langsam, violett. Ein schmaler Streifen Helligkeit hob sich ab über den Dächern der Stadt, und das Krankenhauszimmer bekam langsam Konturen und Schärfe.

In den Stunden vor der Dämmerung hatte ich, weit entfernt, ein paar Schüsse gehört, später die Ketten eines Panzers, der auf dem Asphalt fuhr, und dann das trockene, lang anhaltende Rattern einer Maschinengewehrsalve.

Eben hatte noch der gelbe Schein der kleinen Nacht-

Fünf

tischlampe das Zimmer diffus und geheimnisvoll und klein gemacht, respektvoll vor dem Tod, nun wurde es Tag, es wurde hell; alles wurde größer, klar erkennbar, und ich sah mir meine Finger an, ich drehte und wendete die Hände vor dem Fenster hin und her. Ich sah mir meine Hände an.

Und ich dachte: Was ist das Jungsein? Wie ist es beschaffen? Wie sieht es aus? Sieht es aus wie etwas, das man liebt? Ist es vorbei, ehe man es erkennt? Ist es hell, während alles andere dunkel ist? Bin ich eine alte Seele? Wo ist alles hin? Warum geht alles so schnell? Wo sind die Jahre hin? Warum bin ich nun alt, während um mich herum alles jung ist? Wo sind meine Muskeln hin? Kann ich alles zurückdrehen, indem ich Sport mache? Und wenn ich das tue, wie lächerlich ist das? Was ist es, das Leben? Und wie wird es besser? Und wenn es besser wird, wie kann ich es erkennen?

Ich will so nicht mehr weiterleben, dachte ich, so nicht. Irgend etwas muß sich ändern.

Ich lief aus dem Zimmer, hinunter zur Aufnahme, dort saß Hasan auf der Holzbank, zusammengesunken, das Kinn auf der Brust ruhend, und schlief. Das Spital schien menschenleer, ich schlich an Hasan vorbei, ohne ihn aufzuwekken, lief auf die Straße und hielt ein Taxi an.

Die Stadt erwachte, schon ging jenseits der Berge die Sonne auf. Ich bat den Taxifahrer um eine Zigarette, und er gab mir eine, klein und dünn und holzig schmeckend, und ich rauchte sie auf dem Rücksitz und schaute hinaus.

Die Straßen waren fast völlig leer. Keine Menschen, die aus ihren Häusern kamen, Geschäfte aufschlossen, eiserne Rolläden hochzogen, es wusch sich niemand am Straßenrand die Hände, keiner ging zum Gebet oder rauchte und trank Tee. Ein paar Passanten hasteten über Kreuzungen.

Die Stadt war wie ausgestorben. Es fuhren nur sehr wenige andere Autos, und diese fuhren ziemlich schnell. Irgend etwas sehr Merkwürdiges passiert gerade, dachte ich bei mir, und ich hielt eine Hand vor die Augen und sah zwischen den Fingern hindurch, wie ich es mit Christopher im Kino gemacht hatte, als wir den Film *The Exorcist* zusammen angesehen hatten, vor langer Zeit, als noch alles gut war.

Sechs

In der Lobby des Hotels saßen zwei Polizeibeamte. Der
dickere der beiden kam auf mich zu, er sprach ein nasales,
unangenehmes Englisch. Wir gingen zu dritt in den kleinen Frühstücksraum des Hotels. Ein Kellner wischte den
Boden mit einem nassen Lappen; als der ältere Polizist ihn
um Tee bat, verschwand er in der Küche.

Sie waren beide sehr höflich, fast schüchtern. Christopher, sagten sie. Der Dickere fragte, ob es mir im Iran gefallen würde, dann sagte er, daß ihm alles leid täte, wirklich sehr leid.

Er schob, zögernd, einige Blatt Papier über den Tisch. Ich
müßte, bitte, diese Formulare unterschreiben. Es läge in
der Natur der Bürokratie, ich solle es doch verstehen, die
Form müsse gewahrt werden. Und: Es wäre besser, ich
würde Teheran verlassen, es würde bald sehr gefährlich
werden für CIA-Angehörige, sagte er.

Das war ja nun das Allerkomischste, daß man mich für
einen amerikanischen Spion hielt, gerade mich, der ich mit
Amerika nicht das Geringste zu tun hatte, außer natürlich,

zweimal war ich in New York mit Christopher bei Sotheby's auf einer Versteigerung gewesen.

„Das ist ja ulkig. Geben Sie her."

Ich unterschrieb die Formulare, sie waren alle auf Persisch.

Der dickere Polizist faltete die Hände zu einer Kathedrale und spitzte die Lippen. Sie waren sehr rot, fast violett, wie das Innere einer fleischigen Blume.

„Eines noch: Wir haben Ihr Zimmer untersucht und dabei dieses hier gefunden", sagte er.

Er schob eine Kassette in meine Richtung, über den kleinen Beistelltisch. Es war die Kassette, die Hasan mir geschenkt hatte, vor ein paar Tagen.

„Ist das Ihre Kassette?"

„Ja, natürlich ist das meine. Was ist damit?"

Der Kellner kam mit drei Gläsern Tee zurück und stellte sie hin, aber niemand trank davon, ich auch nicht.

„Es sind die Reden Ayatollah Khomeinis", sagte der Polizist. „Im Pariser Exil aufgenommen, zehntausendfach kopiert und ins Land geschmuggelt."

Ich sagte nichts. Ich konnte gar nichts sagen. Aber es reichte mir jetzt, immer feig zu sein. Hasans Kassette konnte das nicht sein, denn ich hatte genau gesehen, daß er mir die Kassette mit den Ink Spots gegeben hatte, aus dem Rekorder heraus. Entweder war Hasan ein gefährlicher Lügner, was ich nicht glauben konnte, oder die Polizisten wollten mich in etwas hineinreiten. Ich konnte mich also entscheiden. Der eine Polizist, der dickere, sah sogar ganz nett aus, obwohl er diese gräßliche Stimme hatte und diese unangenehmen Lippen. Hasan, dachte ich. Es ist Hasan.

„Ich glaube, es ist besser, ich gehe jetzt auf die deutsche Botschaft."

„Sie sind frei, zu gehen, wohin Sie möchten", meinte der dünnere Polizist, der bis jetzt noch gar nichts gesagt hatte.

„Gut, dann gehe ich jetzt also."

„Bitte."

Ich stand auf.

„Sollen wir Sie hinfahren?"

„Bitte machen Sie sich meinetwegen keine Mühe."

„Es macht uns nichts aus, die Botschaft liegt ohnehin auf unserem Weg."

„Dann nehmen Sie mich doch bitte mit."

„Kommen Sie. Der Polizeiwagen steht draußen."

Erst jetzt sah ich die Panzer. An jeder dritten Kreuzung stand ein dunkel gestrichener, bedrohlich wirkender Panzerwagen, wie auf Beute wartende Echsen hockten sie dort; Postkästen waren umgefahren worden, Briefe schwammen in den Rinnsteinen, eine Telefonzelle lag auf der Seite, das Glas zerborsten, hunderte von Müllsäcken standen unabgeholt an Hauswänden. Einige Seitenstraßen waren mit Sandsackhaufen versperrt worden. Ich sah, wie zwei

Männer in weißen Helmen eine Rolle mit Stacheldraht auswickelten und von einem Trottoir zum gegenüberliegenden spannten.

Wir fuhren mit dem Polizeiauto durch die sonst ausgestorbene Stadt. Der Himmel war weiß und milchig, über allem lag bleierne Schwere. Der dünnere, schweigsame Polizist saß am Steuer, der andere drehte sich ab und zu nach hinten um.

Er hatte eine verspiegelte Sonnenbrille aufgesetzt; immer wenn er sich umdrehte, sah ich mich selbst in den dunklen Gläsern breitbeinig auf der Rückbank sitzen, so daß ich mich rasch gerade hinsetzte und die Beine übereinanderschlug, den linken Knöchel dabei festhaltend, meinen Fuß auf das rechte Knie legend.

„Sehen Sie sich das an", sagte er und zeigte nach draußen. „Die Zeiten ändern sich schnell. Wer weiß, ob ich morgen meinen Beruf noch haben werde."

„Meinen Sie wirklich?"

Ich hatte keine Ahnung, warum er mir solche Gedanken anvertraute.

„Polizisten werden doch eigentlich immer gebraucht."

Er schabte sich mit der Hand im Gesicht herum. „Sie haben ja keine Familie", sagte er, und ich mußte tatsächlich sehr lange und anhaltend und auch hartnäckig husten. Der Polizist seufzte, lächelte und drehte sich wieder nach vorne.

Sechs

„Männer sind unkomplizierter als Frauen", sagte der Polizist und starrte dabei nach vorne, durch die Windschutzscheibe, als läge irgendeine Antwort vor ihm und er müsse nur noch danach greifen. „Männer sind besser als Frauen." Der andere Polizist zog die Augenbrauen hoch, ließ das Steuer für einen Moment los, um sich Feuer geben zu lassen – ich sah, wie seine beiden Hände etwas zu lang auf der Hand des anderen Polizisten ruhten, er klopfte mit dem kleinen Finger zweimal zum Zeichen des Dankes –, und gierig an seiner Zigarette saugend, blies er den Rauch gegen die Windschutzscheibe.

Wir hielten vor einem wilhelminisch wirkenden Gebäude, das aber auf den zweiten Blick sonderbarerweise eher in den fünfziger Jahren gebaut zu sein schien. Es war mit hohen Mauern umgeben, in die oben verschiedenfarbige Glasscherben einbetoniert waren.

An einer geschwärzten Stahltür standen vielleicht dreißig wirklich desolat aussehende Menschen und warteten darauf, eingelassen zu werden. Sie trugen Mäntel, einige hatten verbundene Hände.

„Warten Sie, ich halte Ihnen die Wagentür auf. Es wird für Sie dann leichter am Tor." Der dicke Polizist stieg aus, lief um das Auto herum und öffnete mir die Hintertür.

„Auf Wiedersehen. Es tut mir wirklich leid wegen Ihrem Freund. Viel Glück." Er schüttelte mir die Hand.

„Ja, Ihnen auch. Und danke fürs Mitnehmen. Sie waren sehr freundlich."

Der iranische Wachsoldat sah erst auf meine Sandalen und
salutierte dann schnell, während ich aus dem Polizeiwagen ausstieg. Ich hielt meinen Paß hoch, und er bellte Anweisung, mich durchzulassen. Die Menschen wichen links
und rechts zurück, ohne zu grollen, einfach so, ihre Hal-
tung verriet tiefste Resignation, ihre Schultern hingen herab, sie wußten, daß sie nicht eingelassen werden würden,
niemals, aber sie warteten trotzdem geduldig. Der Polizeiwagen wendete und fuhr weg.

Der Soldat trug eine weiße Armbinde, er redete ein
paar Worte in eine Gegensprechanlage, das Stahltor ging
mit einem Summen auf, und ich stand im Hof. Ein Apfel-
baum wuchs dort, mitten im Kies. Die Geräusche der Stadt
waren mit einem Mal verschwunden. Ich ging auf die Ein-
gangstür zu, ein deutscher Soldat lächelte mich an, blätterte in meinem Paß, und dann war ich drinnen.

Es ging durch einen Flur hindurch, an verschiedenen
Türen vorbei, der Fußboden war mit hellgrauem Lino-
leum belegt. Links neben jeder Tür war eine Art Plastik-
halter befestigt, in den die Person, die im Raum dahinter
saß, ihren mit Letraset ausgedruckten Namen hineinge-
schoben hatte. Darunter stand die Funktion des jeweili-
gen Beamten.

In einem dieser Zimmer der deutschen Botschaft sah mir
der Vizekonsul ein paar Sekunden länger in die Augen als
nötig. Er trug einen Siegelring am kleinen Finger und

rauchte, während er meinen Paß mit spitzen Fingern über Christophers aufgeschlagenen Paß legte.

An der Wand links von ihm hing ein Plakat hinter einer Glasplatte, das den Rhein im Sommer zeigte; Boote waren darauf zu sehen, ein langes und breites, dunkles Schiff, das vielleicht ein Müllschlepper war, daneben ein anderes Boot, weiß, eine weißgestrichene Fähre oder ein Ausflugsdampfer. Sie fuhren unter dem Loreleyfelsen vorbei. Darüber stand in weißen, ordentlichen Buchstaben *Germany*. Direkt daneben, etwas kleiner, hing ein gerahmtes Foto des Bundespräsidenten Walter Scheel.

„Sie und der Verstorbene waren … Lebensgefährten?" fragte er. Das Wort auszusprechen, kostete ihn einige Mühe.

„Nein. Wir waren Freunde."

„Und warum waren Sie hier bei uns im Iran?"

Der Vizekonsul zündete sich eine Zigarette an. Er hatte ein hageres Gesicht, und seine Augen waren müde, fast schläfrig. Er schien vollkommen desinteressiert, aber ich hatte den Eindruck, dies sei nur eine affektierte Pose.

„Warum gerade jetzt?" fragte er.

„Als Touristen. Es steht in unseren Visa. Es stand in unseren Visa."

„Sie sind durch die Türkei gekommen, über Land?"

„Ja, sicherlich. Warum fragen Sie das? Sie sehen es doch im Paß."

„Hmm. Wir sehen in diesen Tagen wenige Touristen im Iran."

„Fangen Sie auch schon damit an?"

„Warum, wer hat noch daran gezweifelt?"

„Die Polizei vorhin, ich sollte etwas unterschreiben. Sie sagten, Christopher und ich seien beim amerikanischen Geheimdienst."

„Sie haben hoffentlich nicht einfach irgend etwas unterschrieben?"

„Doch, leider. War das sehr dumm von mir? Ich konnte es ja nicht lesen."

„Oh je. Sie werden Schwierigkeiten bekommen", sagte der Vizekonsul rasch und sah sich seine Fingernägel an. „Gut, warum sind Sie wirklich im Iran? Mir können Sie es sagen."

„Christopher war sehr an der Architektur der Mameluken interessiert. Das Barocke der ... äh ... der safavidischen Architektur als direkte Reaktion auf die, die Rationalität der Mameluken. Er wollte ein Buch schreiben. Deshalb sind wir auch über die Türkei gekommen. Er wollte den architektonischen Einflüssen nachreisen, hat er gesagt."

„Und Sie haben ihn begleitet?"

„Ja."

Ich sah aus dem Fenster. Irgendwie redeten wir im Kreis. Draußen, durch die Gitterstäbe der Botschaft war zu sehen, wie die Wintersonne auf den Boulevard schien, ein Mann in einem Hawaiihemd war aus einem amerikanischen Auto ausgestiegen und gestikulierte wütend, mit

hochrotem Kopf. Ein Militärpolizist mit weißen Handschuhen und einer Maschinenpistole bedeutete ihm, er
solle wieder einsteigen.

„Hören Sie, es wird in den nächsten Tagen hier sehr unangenehm werden. Keiner weiß, was passieren wird. Der
Schah und seine Familie sind wahrscheinlich schon nicht
mehr im Land, wir erwarten ...“

„Was erwarten Sie?“

„Wir erwarten einen ... völligen Zusammenbruch,
einen Staatsstreich, die islamische Revolution, vielleicht
die Kommunisten, nennen Sie es, wie Sie wollen.“

„Huh, je.“

„Es wird alles sehr schlimm werden. Die demokrati-
sche Ordnung ist futsch. Die Ansprechpartner sind über
Nacht verhaftet. Was ist eigentlich unsere Legitimation?
Meinen Sie, es ist leicht? Ach, wozu erzähle ich Ihnen das
alles.“

„Ich weiß es nicht.“

„Mein Vater hat im Zweiten Weltkrieg, in Belgrad,
vier Juden erschossen. Er hat Juden erschossen, hören Sie?
Ich schäme mich, jeden Tag, den ich auf der Welt bin,
schäme ich mich. Überrascht Sie das? Überrascht Sie
Deutschland? Daß jemand, der aus so einer Familie kommt,
hier sitzen darf, unter den Augen von dem da?“

Er wies mit dem Kopf auf das Foto von Walter Scheel an
der Wand. Ich lehnte mich in den Stuhl zurück und atme-

te aus. Der Vizekonsul stand auf, ging zum Fenster, zog mit der Hand die Stores zurück, sah eine Weile hinaus und setzte sich dann wieder hin. Ich konzentrierte mich auf den Gummibaum, der in der Ecke stand.

„Wer wird die Überführung übernehmen?"
   „Ich ganz bestimmt nicht."
   „Dann Verwandte?"
   „Das kann schon sein. Ich möchte jetzt gehen."

„Ich kann Sie nicht daran hindern. Aber eine Frage hätte ich noch."
   „Ja?"
   „Glauben Sie an das Böse?"
   „Nein."
   „Woher kommt das Böse?"
   „Ich weiß es nicht."
   „War es schon immer da? War es schon immer in uns?"
   „Nein."

„Wir werden besser sein", sagte er.
   „Ja."
   „Wir werden uns bessern."

Er schob ein Blatt Papier über den Schreibtisch. Oben auf dem Blatt war ein Bundesadler abgebildet. Er schraubte die Kappe seines Füllfederhalters ab, steckte sie hinten drauf und hielt ihn mir hin, über den Tisch. Ich nahm ihn

Sechs

in die Hand und unterschrieb, dort, an der Stelle, wo er hindeutete.

„Verlassen Sie den Iran. Tun Sie es lieber noch heute, so schnell es geht.“

Sieben

Ich schlief fast den ganzen Tag. Als ich aufwachte, war es schon spät am Nachmittag. Ich hatte während des langsamen Erwachens ein Gefühl des Nirgendwoseins, die Geräusche der Straße waren mir vertraut wie Lärm aus Kindertagen, ohne mich daran zu erinnern, Geräusche während des allmählichen Wachwerdens vom Nachmittagsschlaf; Hupen, Kindergeschrei, Vogelgezwitscher. Ich war überall, während ich aufwachte.

Als alles vorbei war, stellte ich mich vor den Spiegel im Badezimmer des Hotels und ließ den Heißwasserhahn so lange laufen, bis das Bad ganz eingenebelt war. Dann seifte ich mir das Gesicht ein, rieb mit dem Finger einen kleinen freien Kreis auf der beschlagenen Spiegeloberfläche, nahm die chinesische Rasierklinge aus Christophers pfauenledernem Kulturbeutel und rasierte mir mit langsamem, aber sicherem Schaben den Schnauzbart ab.

Die Haut zwischen Nase und Mund war ganz weiß und roh. Ich fühlte mich nackt, aber eigentlich sah es gar nicht so schlecht aus. Im Grunde, dachte ich, während ich mich

Sieben

im Spiegel ansah, machte es mich viel jünger als vorher, mein Gesicht, so schien es mir, hatte plötzlich etwas vollkommen Zeit- und Altersloses bekommen, etwas der Zeit Entrücktes. Es sah fast richtig gut aus, neu, dachte ich.

Ich setzte mich aufs Bett, zog meine Ledersandalen aus, wickelte sie in einen Plastikbeutel, den ich oben mit einer Schleife zuband, und schlüpfte in Christophers hellbraune Berluti-Halbschuhe. Ich packte Christophers restliche Sachen in seinen Koffer, legte die Plastiktüte mit meinen Sandalen obenauf, ging hinunter und bat den Rezeptionisten, den Koffer mit einem Taxi zur deutschen Botschaft zu schicken, adressiert an den Vizekonsul, und dann ging ich hinunter auf die Straße.

Ich ließ mich, wie man sagt, von der Menge treiben, überall sah ich in glückliche, weit aufgerissene Gesichter, Autos standen quer auf der Straße, die Menschenmassen brandeten die Alleen hoch, ich sah in die Luft gehaltene Gewehrattrappen aus bemaltem Holz, Kinder trugen Handgranaten aus Pappmaché an ihren Gürteln, grüne Luftballons flogen in den verhangenen Winterhimmel hoch, ein Fernsehapparat, den irgend jemand aus einem Hochhaus geworfen hatte, zerschellte auf dem Asphalt.

Frauen verhüllten ihre Gesichter vor mir mit schwarzen Stofftüchern, ein Mann spuckte mir auf die Schuhe, ein anderer drängte ihn weg, nahm mich in den Arm, drückte und küßte mich auf beide Wangen, immer wieder.

Ich lief stundenlang durch die riesige Stadt. Etwas Neues war geschehen, etwas völlig Unfaßbares, es war wie ein Strudel, in den alles hineingesogen wurde, was nicht festgezurrt war, und selbst diese Dinge waren nicht mehr sicher. Es schien, als gäbe es kein Zentrum mehr, oder gleichzeitig nur noch ein Zentrum und nichts mehr darum herum.

In einem Park sah ich einen Clown, der große rote Schuhe trug, er fütterte Tauben mit Erdnüssen oder Popcorn. Um sein Handgelenk hatte er vier bunte Luftballons gebunden. Auf seinem weißgeschminkten Gesicht war ein gütiges Lächeln eingefroren. Er hockte sich hin, und die Taubenschar umringte ihn, einige saßen auf seinen Schultern, schlugen mit den Flügeln und zankten sich um die Nüßchen.

Plötzlich sprangen vier schwarzgekleidete, bärtige Männer aus einem Gebüsch und stürzten sich auf den Clown. Die Tauben schreckten unter lautem Geflatter auf. Der Clown fiel zu Boden und hielt sich die Hände vor das geschminkte Gesicht, während die Männer ihn mit ihren Stiefeln traten, in die Nieren und an den Kopf. Als er sich nicht mehr bewegte, hörten sie auf, wandten sich ab und gingen wieder Richtung Ausgang, fast gelangweilt. Ein exotischer Vogel schrie in den Bäumen. Später sah ich, wie sich ein Polizist hinkniete und die Füße eines Geistlichen küßte, und mir wurde so übel, daß ich mich dabei fast übergeben mußte.

Sieben

Ein paarmal glaubte ich, in der Menge Hasan zu sehen, aber ich täuschte mich immer wieder, er war es nicht. Gegen Abend hörte ich Schüsse. Ein Demonstrationszug mäanderte eine große Allee entlang, schreiende Studenten, kommunistische Fahnen und Transparente hochhaltend, die Fäuste gereckt, liefen die Alleen hinunter.

Studenten hatten sich an die schmiedeeisernen Gitter vor der Universität gekettet, ihre Gesichter waren fanatisch und verdreht. *Down with President Carter* stand auf einem großen Tuch, das ein paar von ihnen quer über den Boulevard gespannt hatten, einige saßen auf Straßenlaternen, es waren auch richtige Langhaarige dabei, blonde Agitatoren aus dem Ausland, die Fellwesten mit Buttons daran trugen.

Ich sah bunte Pappschilder mit dem dicken, fleischigen Kopf von Mao Tse-tung darauf gemalt, hoch gereckt, den Kommunismus fordernd, Umsturz, permanente Revolution, den Tod des Schahs, das Ende der Unterdrückung; sie schlugen auf Jugendliche mit dem Bild Ayatollah Khomeinis ein, sie rannten die Alleen hoch und jagten diejenigen Studenten, die keine rotchinesischen Armbinden trugen, Schaufenster platzten, Glas splitterte auf die Straße. Einige Jugendliche trugen Plakate mit den Worten *Pol Pot* vor sich her, andere hatten Banner zwischen den Fäusten ausgewickelt, auf denen *Bater-Meinof* stand.

Bevor es dunkel wurde, bestellte ich etwas Reis und Fleisch in einem kleinen Café. Es war zur Straße hin geöffnet, und während ich den Reis mit der Gabel auf dem Teller hin und her schob, sah ich hinaus auf die sich leerende Allee. Menschen gingen nach Hause, Lichter gingen aus, Demonstrationen lösten sich auf, alles verdunkelte sich nun, es war ganz unheimlich. Mein Magen zog sich wieder zusammen, mir war flau.

Das Café war lindgrün gestrichen, eine nackte Glühbirne hing von der Decke, eine andere Lampe stand auf der Theke und leuchtete auf die Tastatur der Registrierkasse. An der Wand neben mir hing ein Poster, auf dem ein recht stattlicher iranischer Ringkämpfer von hinten seine zierliche Mutter umarmte. In einem Leuchtkasten lag etwas, das aussah wie Spinat, daneben stand eine Schale mit kleingeschnittenen Tomaten.

Ich schob den Teller mit Reis und Fleisch von mir weg, bestellte noch ein Glas Tee, und als es kam, löste ich ein Stück Zucker darin auf, rührte und starrte hinein, wie die Zuckerschlieren sich in der Mitte des Glases sammelten, sich in einer Spirale auftürmten, um dann von der entgegengesetzten Rührbewegung des Löffels wieder in sich zusammenzufallen.

Ich war inzwischen der einzige Gast. Der Besitzer wischte die Theke ab und murmelte dabei irgend etwas auf französisch. Er trug eine weiße Schürze und eine braune, dicke Brille, die viel zu groß für sein Gesicht war, so daß er aussah wie eine Stubenfliege. Er hatte seine Haare seitlich über die Glatze gebürstet und beobachtete mich aus den Augenwinkeln. Immer wenn ich hinschaute, sah er weg. Ich legte Geld auf den Tisch und rauchte eine Zigarette, obwohl sie mir nicht schmeckte und ich davon leichte Kopfschmerzen bekam.

Schließlich kam der Besitzer an meinen Tisch, schlug sich dabei mit dem Lappen vorne an die Schürze, und ich dachte, er wolle nur das Geld an sich nehmen. Ich stand auf um zu gehen, aber er legte mir die Hand auf die Schulter, ich solle bitte sitzenbleiben.

„Sie können jetzt nicht mehr hinaus", sagte er auf englisch. „Es ist Ausgangssperre. Es ist zu spät. *C'est l'heure, vous savez.*"

„Oh."

Er nahm einen Stuhl vom Nebentisch und setzte sich zu mir, die Stuhllehne zwischen seine gespreizten Beine geklemmt.

„Sie sind kein Amerikaner, das sehe ich."

„Nein."

„Darf ich?" Er nahm eine von meinen Zigaretten.

„Sicher. Was soll ich denn dann jetzt machen?"

„Hierbleiben."

„Wo, hier, im Café?"

„Hören Sie mir bitte mal zu. Ich will Ihnen sagen, wer der große Feind ist." Er legte das Eßbesteck ordentlich zusammen, auf den Teller, von dem ich fast nichts gegessen hatte. Er legte es auf die rechte Seite des aufgetürmten Fleischgerichts, Messer und Gabel parallel zueinander.

„Ja, sagen Sie es mir bitte.“

„Soll ich Ihnen sagen, wer das Böse aus einem Loch schöpft und es dann über uns ausgießt, wie Jauche, so daß Menschen in der Zukunft gebaut und gestaltet werden nach dem Ebenbild Satans?“

„Äh …“

„Hören Sie mir bitte genau zu. Es geht um die Essenz des Lebens; das Leben selbst wird nachgebaut werden, in ein paar Jahren, Stein um Stein. Erst die Tomaten – wie hier im Café, die roten dort drüben – dann die Ziegen und schließlich der Mensch.“ Er zog an seiner Zigarette.

„Das klingt jetzt von Ihnen so … ausgedacht. Es klingt zumindest biblisch, oder koranisch, oder so.“

„Es ist nicht ausgedacht. Es ist wahr. Der Koran, den Sie erwähnen, ist schon ganz richtig. Wenn wir es nicht selbst in uns ändern, werden wir alle kriechen müssen, wie Schnecken, blind, um ein leeres Zentrum herum, um den großen Satan herum, um Amerika.“

„Amerika.“

„Wir haben uns alle verschuldet, weil wir Amerika zugelassen haben. Wir müssen alle Buße tun. Wir werden Opfer bringen müssen, jeder von uns.“

„Na ja, gut. Ich weiß gar nicht, welches Opfer ich bringen kann.“

Sieben

„Schauen Sie mal hinaus, auf die Straße. Sehen Sie es? Der Schah ist bald weg, vielleicht ist er jetzt schon weg. In diesem Land wird eine neue Zeitrechnung beginnen, außerhalb des Zugriffs Amerikas. Es gibt nur eine Sache, die dagegen stehen kann, nur eine ist stark genug: Der Islam. Alles andere wird scheitern. Alle anderen werden in einem schaumigen Meer aus Corn Flakes und Pepsi-Cola und aufgesetzter Höflichkeit ertrinken. Erlauben Sie?"

Er nahm noch eine Zigarette und steckte sie sich an der letzten an.

„Kommen Sie, ich zeige Ihnen einen Hinterausgang. Und behalten Sie bitte Ihr Geld. Ich möchte Sie gerne einladen."

„Ja, vielen Dank. Ich habe Ihnen gerne zugehört, auch wenn ich es nicht ganz verstanden habe, was Sie über Amerika gesagt haben."

„Macht nichts, mein Freund. Es genügt, daß Sie es sich überhaupt angehört haben. Kommen Sie mit. Jemand wartet drüben bereits auf Sie. Ich heiße übrigens Massoud."

Er stand auf und ging hinter die Theke, den Lappen wieder gegen die Schenkel schlagend, die Asche der Zigarette an der Glasvitrine, in der die Schüssel mit eingelegten Tomatenstückchen stand, abstreifend. Ich folgte ihm.

Er zog mit der rechten Hand einen braunen Vorhang zurück und wies mich mit der Linken, etwas übertrieben theatralisch, wie ich fand, in seine Küche. Es roch nach Ziege oder nach Hammel, ein Geruch, den ich nicht ausstehen konnte. Im Vorbeigehen griff sich Massoud von einem Küchentisch eine kleine schwarze Tasche, die aussah, als sei sie ein Arztkoffer.

„Hermès, Paris", sagte er, drehte sich halb über die Schulter um und zwinkerte mir zu. Die über die Glatze gekämmten Haare waren verrutscht, und nun hing ihm eine lange Strähne schwarzen Haares von oberhalb des rechten Ohres fast bis auf die Schulter. Ich hatte den Eindruck, seine Haare seien gefärbt.

„Äh, wie bitte?"

„Ein kleiner halbintellektueller, persischer Scherz. Ach, *mon Dieu*, egal, vergessen Sie's. Kommen Sie, hier lang, nach unten."

Er rollte mit der Schuhspitze einen abgewetzten Teppichläufer zurück, öffnete eine hölzerne Luke im Fußboden, zog aus seiner Tasche – ich hatte bei Hermès noch nie so ein Exemplar gesehen, und ich war früher relativ oft dort gewesen – eine Taschenlampe und bedeutete mir, ich solle ihm nach dort unten folgen.

Wir stiegen eine Leiter hinab, und dann ging es durch einen langen, modrig riechenden Gang; ich konnte nichts erkennen, nur den tänzelnden Schein der Taschenlampe vor mir und den Umriß von Massouds herabhängender, wippender Haarsträhne. Ab und zu drehte er sich um und rief:

Sieben

„Sind Sie noch da?"

„Ja, natürlich."

„Gut, gut."

Nach einer Weile hörte ich auf, meine Schritte zu zählen, es waren über siebenhundert gewesen, obwohl ich mich sicher ein paarmal verzählt hatte. Links und rechts von mir ertastete ich mit den Fingern feuchte Lehmwände, sie waren glitschig, und es roch nach Erde.

Es ging jetzt leicht aufwärts, der Boden begann nach schräg oben zu verlaufen, schließlich blieben wir vor einer weiteren Leiter stehen. Massoud schnaufte, klopfte ein paarmal mit der Taschenlampe gegen die Leiter, ich hörte Schritte über mir, und eine Luke wurde aufgezogen.

„Kommen Sie, keine Angst. Da ist jemand, den Sie kennen."

Ich stieg nach ihm die Leiter hoch, wir standen in einem Zimmer, es war recht dunkel, so daß ich den Mann, der uns die Luke geöffnet hatte, nicht gleich erkannte. Er schüttelte mir die Hand und griff mit der anderen Hand meinen Arm. Es war Mavrocordato.

„Wunderbar. Ganz wunderbar und ausgezeichnet. Daß Sie es bis hierher geschafft haben, ehrt Sie und freut mich, ja das tut es", sagte er und schüttelte mir immer noch die Hand. Ich war ganz baff.

„Woher wußten Sie ..."

„Ah, ah, ah, ah." Mavrocordato lächelte und schüttelte den Kopf.

„*Il est vraiment un peu simple, celui-là*", sagte Massoud und wischte sich endlich die Strähne wieder zurück über die Glatze.

Mavrocordato und ich saßen auf einer mit gestreifter, brombeerfarbener Seide bezogenen Empire-Chaiselongue in seiner Wohnung, wir tranken Tee, und ich schaute mir alles an. Massoud rumorte drüben in der Küche, ich hörte das Scheppern von Geschirr, er summte irgendein Lied vor sich hin, während er mit Kochtöpfen hantierte.

Das Wohnzimmer war an allen Wänden bis zur Decke hin vollgestopft mit Büchern; Regale quollen über vor Büchern, Zeitschriften, Manuskripten, dazwischen hingen russische und polnische Ikonen, eine Vase mit Orchideen stand auf einem wackelig aussehenden Beistelltisch, Papiere lagen auf dem Fußboden verstreut, in einer Ecke stand ein rot glühender Heizlüfter. Mehrere Aquarelle von Blalla W. Hallmann hingen ungerahmt und schief an den Wänden. Kerzen waren angezündet, einige steckten in leeren Rotweinflaschen. Das Wachs lief herunter, es war zu warm in Mavrocordatos Wohnung. Ich zog meinen Cecil-Beaton-Pullover aus.

In der Mitte des Zimmers, auf mehreren abgenutzten, unordentlich übereinandergeworfenen afghanischen Teppichen, stand ein kleiner messingfarbener Apparat, der

Sieben

aussah wie ein Barometer, aus dessen Deckel aber ein kleines trompetenförmiges Gebilde ragte, dessen Trichter mit einem Pfropf aus schwarzem Hartgummi verstopft war.

Die Fenster waren ebenfalls mit Samt verhängt, ich hörte keinen Straßenlärm, keinen Laut – genausogut könnte die Wohnung tief im Erdinneren liegen, so wenig hatte ich akustisch das Gefühl, zu wissen, wo ich war.

„Nach Ihrem Christopher frage ich nicht."

„Doch, doch, fragen Sie ruhig." Ich nahm eine Praline aus der Schale und kaute darauf herum. Im Zentrum der Schokolade steckte eine Pistazie.

„Nein."

„Es macht mir aber nichts aus. Er ... er lebt nicht mehr."

„Bitte, bitte erzählen Sie mir nichts. Fühlen Sie sich wohl hier? Unser Freund aus dem Café hat sicher von Amerika gesprochen, das tut er immer. Machen Sie sich deshalb keine Gedanken, er hat ja zum Teil ganz recht, aber das braucht Sie jetzt nicht weiter zu verwirren. Mein Lieber, schön, Sie zu sehen, sehr schön", sagte Mavrocordato und blies in seine Teetasse.

Erst jetzt bemerkte ich, daß er seine Haare offen trug, sie gingen ihm bis zu den Schultern; er sah aus wie ein Hippie-Revoluzzer. Er trug eine Art Kaftan aus dunkelvioletter Seide, seine behaarten Füße steckten in weißen marokkanischen Hausschlappen aus – ich glaubte zumindest, daß es das war – Ziegenleder.

„Bevor wir uns in Ruhe ein bißchen unterhalten, habe ich etwas für Sie." Er stand auf, ging zu einem Regal, holte etwas heraus und brachte es mir.

„Zigarette?" fragte er.

Er klappte das Etui aus Schildpatt auf, das ich im Haschwald verloren hatte, auf der Party, gestern, vor Jahren.

„Sehen Sie, das Etui hat exakt die gleiche Größe wie die Kassette, die Ihnen untergeschoben wurde, die Kassette mit den Reden Ayatollah Khomeinis. Hier, nehmen Sie es, es gehört schließlich Ihnen."

Massoud kam pfeifend aus der Küche ins Wohnzimmer gelaufen, drei Schüsseln balancierend. Er stellte sie vorsichtig auf den Fußboden, auf einen der Teppiche in der Mitte des Zimmers, arrangierte Kissen in einem Halbkreis darum und verschwand wieder summend und brummend in die Küche, Teller holen gehen, wie er sagte.

Mavrocordato bat mich, mit ihm auf dem Teppich zu sitzen; er kniete sich hin, schob mir ein Kissen unter und deckte mit präzisen Handbewegungen die Schüsseln auf.

„Wir werden heute abend zusammen, auch wenn Sie keinen Hunger haben, ausschließlich dunkle Gerichte essen. Schauen Sie, hier haben wir Schwarzhirsch mit Pflaumensauce, dort hat uns unser Freund schwarzen Reis und Rosinen gezaubert, schließlich haben wir hier einen Blutpudding mit dunklen Brombeeren."

Sieben

„Darf ich versuchen, etwas zu erraten?"

„Nur zu, raten Sie."

„Auch wenn es jetzt dumm klingt: Ich glaube, ich ahne, wie das Essen gemeint ist, Mavrocordato. Das Dunkel gegen das Weiß, oder?"

„Nicht schlecht. Nein, gar nicht schlecht. Das Weiß ist ja das Sichtbarmachen, sehen Sie, also je mehr Dunkles wir essen, desto weniger", lächelte er, „kann uns eigentlich passieren."

Teller, Besteck und eine Flasche Chateau Palmer '61 wurden gebracht. Massoud stand eine Weile vor uns auf dem Teppich, strich mit der Hand gedankenverloren über den Apparat mit dem Trichter und sah uns an. Er schüttelte den Kopf. Dann verabschiedete er sich mit einer Verbeugung.

„Essen Sie, *mes amis*, trinken Sie, *discutez*, ich gehe zurück. Ich trinke ja, wie Sie vielleicht vermutet haben, sowieso keinen Alkohol." Er gab uns beiden die Hand, wobei er danach die Rechte an die Brust, in der Höhe seines Herzens hielt.

„Und vergessen Sie nicht, Mavrocordato, daß im neuen Iran diese ganzen verkommenen Spielchen hier nicht mehr erlaubt sind. Im Gegenteil, es wird hart bestraft werden."

„Ich weiß es und werde mich danach richten", antwortete Mavrocordato.

„Dann – *Daste shoma dard nakoneh.* Möge Ihre Hand nie schmerzen."

„*Nokaretim*. Ich bin Ihr Sklave."

„Entschuldigen Sie, daß ich Ihnen nun den Rücken zu-kehre."

„Aber ich bitte Sie – Eine Blume hat keinen Rücken."

„Und Sie, junger Freund", sagte Massoud zu mir und nahm wieder meine Hand. „Tun Sie bitte das Richtige. Denken Sie daran, was ich Ihnen gesagt habe – wir müssen alle ein Opfer bringen, damit Heilung kommt, Heilung, verstehen Sie? Jeder von uns. Haben Sie keine Angst. *Au revoir.*"

„Oh je. Ich werde es versuchen. Auf Wiedersehen."

Mavrocordato und ich aßen eine Weile schweigend neben-einander, aber es war eine andere Art Schweigen, als es je-mals mit Christopher gewesen war. Keiner wartete darauf, daß der andere etwas sagte, um dann darauf mit einer Sot-tise zu antworten, nur weil alles gerade so langweilig und ausgetreten erschien.

Ich mochte zwar nicht viel essen, aber es schmeckte mir wirklich gut, ich hatte bisher noch nie ausschließlich dunkle Gerichte gegessen. Mavrocordato kaute und schmatzte, einmal lächelte er mir zu, seine Zähne waren schwarz gefärbt, als habe er Tinte getrunken.

Nachdem der Blutpudding aufgegessen war, rauchten wir Zigaretten, tranken den Claret aus und bliesen den Rauch an die Decke. Wir sahen uns beide an, es war mir, als prü-fe mich Mavrocordato, als schaue er mich nicht nur an, son-

dern in mich hinein, um zu sehen, ob das dort wäre, was
er sich erhoffte. Ich wollte ihm so gerne gefallen.

Ich schaute zurück, und ich sah einen merkwürdigen
jungen Mann, so voll von sich und seiner fixen Idee von
mir, als wäre ich wirklich, wie er gesagt hatte, ein Gefäß,
eine Schale, jemand, der *wide open* war. Hinter ihm, im
Schein der Kerzen, flackerte Mavrocordatos Schatten an
der Wand, manchmal, so schien es mir, sah sein Schatten
aus wie ein dunkles Insekt.

Er zeigte mir eine kleine, mit Geschenkpapier verzierte
Schachtel, in der Haare aufbewahrt wurden. Er griff hinein, nahm eine schwarze Locke heraus, die mit einer braunen Samtschleife zusammengebunden war. Er ließ das
Haarbündel in den Händen hin und her gleiten, während
er sprach, den Schopf mit einer Hand streichelnd.

„Dies ist für uns jetzt, die wir so leben, die größte Gefahr.
Schauen Sie." Er schaltete eine kleine Stehlampe an und
hielt die Haare unter den gelben Schein der Glühbirne.

„Aus diesem Stoff wird es möglich sein, Leben zu de-
stillieren. Fragen Sie mich jetzt nicht, wie es gemacht werden wird. Aber die Zeichen deuten alle darauf hin, ich irre
mich nicht, ich weiß es. Diese Locke, zum Beispiel, gehör-
te meinem Großvater …"

„Dem mit dem Kleinststaat."

„Genau. Erstaunlich, woran Sie sich alles erinnern können. In ein paar Jahren wird es möglich sein, aus diesen

paar Haaren den toten Großvater auferstehen zu lassen, also die Negierung des Todes herbeizuführen, was natürlich bewirkt, daß das Ende des Lebens beginnt, allen Lebens. Aus diesem Paradox müssen wir uns befreien, dagegen müssen wir kämpfen. Es ist die allerwichtigste Aufgabe, die wir kennen."

Er wendete die Haare hin und her, und im Licht der Glühbirne schien das Haar zu glänzen, jedes Haar war einzeln zu erkennen, es bekam mal goldene Reflexe, mal rötliche. Aber darin selbst war nichts zu erkennen, es war nur Haar.

„Sehen Sie es?" fragte er.

„Ja."

Mavrocordato legte die Haare zurück in die Schachtel und schloß sanft und vorsichtig den Deckel. Er sah auf einmal aus wie ein Wanderprediger, die Präzision, das Vogelartige war weg, etwas anderem gewichen.

„Ich hoffe, Sie haben genug essen können", sagte er.

„Danke, es war sehr gut. Ich habe nicht so großen Hunger, aber es war trotzdem wirklich lecker."

„Wollen wir noch eine Flasche Claret öffnen? Bald ist ja nun Schluß damit, Sie haben gehört, was unser Freund gesagt hat."

„Nein danke. Ich kann nicht mehr trinken. Und wenn bald damit Schluß ist, dann kann ja jetzt meinetwegen gleich schon Schluß sein. Das war also – tadaah – mein letztes Glas Alkohol."

Sieben

„Sehr gut. Sehr gut. Dann kommen Sie. Wir müssen jetzt etwas zusammen anstellen, eine Art Streich. Wollen Sie? Einen Moment, bitte, ich zieh mich nur rasch um."

Er verschwand in der Küche.

Als er zurückkam, trug er die Haare wieder hochgesteckt. Er hatte den Kaftan ausgezogen und war in ein schwarzes, enganliegendes Ensemble gestiegen, dazu trug er dunkelblaue, weiche chinesische Ballettschuhe mit einer Gummisohle. Er gab mir ein Paar in meiner Größe und bedeutete mir, ich solle hineinschlüpfen.

„Gehen wir. Nur noch diesen Rucksack", sagte er und hievte sich einen großen, schweren schwarzen Sack auf den Rücken.

Draußen lag die Stadt ruhig. Ich sah kein einziges Auto, niemand war auf den Straßen. Ganz weit entfernt war das Rattern von Maschinengewehren zu hören. Mavrocordato schloß die Haustür ab, jetzt sah ich, daß wir die ganze Zeit im Erdgeschoß eines Apartmenthauses gesessen hatten. Auf dem Klingelschild aus Messing stand kein Name, den ich auch nur im Ansatz hätte entziffern können.

Es war sehr dunkel, ein paar der Straßenlaternen flakkerten und gingen dann aus. Im Osten lag ein orangefarbenes Leuchten über dem Horizont; irgendwo am anderen Ende der Stadt standen Häuser in Flammen. Wir sahen uns an. Mavrocordato hatte lange seidige Wimpern.

„Atmen Sie tief durch. Zweimal, dreimal. Und jetzt los!"

Wir rannten geduckt an den Häuserwänden vorbei. Die chinesischen Gummischuhe machten tatsächlich überhaupt kein Geräusch. Wir liefen links und dann wieder rechts, bis wir zu einem großen Platz kamen, an dem sich mehrere Alleen trafen.

Wir stiegen auf die Fensterbänke eines Gebäudes, kletterten eine Feuerleiter hoch und hangelten uns vorsichtig an einem Sims entlang bis zum Vordach. Ich sah nach unten, der Blick war frei auf den großen Platz unter uns. Mir wurde leicht schwindelig. Zur Linken, vielleicht zwei Meter von uns entfernt, war eine Überwachungskamera an das Dach montiert.

Mavrocordato zog sich dünne Handschuhe aus Chamoix an, packte, sich dabei hinkniend, aus seinem Rucksack einen kleinen schwarzen Fernseher und ein unübersichtliches Wirrwarr aus schwarzen Kabeln, kleinen Zwickzangen und Werkzeug aus.

Er steckte ein Verlängerungskabel in eine Steckdose, die in der Nähe der Überwachungskamera in die Mauer eingelassen war. Und dann stellte er den mitgebrachten Fernseher auf den Sims.

„Ich führe jetzt einen kleinen alchimistischen Trick vor, der einige Leute sehr ärgern wird", sagte er, drehte den Fernseher herum und begann, die mitgebrachten Kabel mit den Kabeln der Überwachungskamera zu verbinden.

Sieben

„Sehen Sie, im letzten Augenblick knipse ich die Verbindung ab, die Kamera zeichnet einige Momente nichts auf, dann richte ich schnell die Kamera auf den Monitor und stelle die Verbindung wieder her. So. Nun raten Sie mal, was die Kamera filmt."

„Äh …"

„Einen Moment. Und nun … *Presto*."

Er drückte einen Schalter, und auf dem Monitor war jetzt der kleine Fernseher selbst zu sehen, in sich hundertmal gebrochen und verkleinert; er verlor sich in der Mitte des Bildschirmes im Unendlichen.

„Die Kamera sieht sich selbst während ihres eigenen Aufzeichnens", sagte Mavrocordato. „Brillant, oder nicht?"

„Aber wer sieht denn das?"

„Die Überwacher natürlich. Ich mache das jeden Abend mit einer anderen Kamera, seit zwei Wochen. Kommen Sie, wir müssen verschwinden. Es hält nicht einmal eine ganze Nacht, wenn wir Glück haben, dann wenigstens ein paar Stunden."

„Und Ihren Fernseher lassen wir da?"

„Sicher, mein Freund."

„Dann haben Sie ja schon vierzehn Fernseher …"

„Rechnen Sie bitte nicht soviel, denken Sie nicht soviel nach, kommen Sie mit. Wir müssen *jetzt* los. Die Alchemie ist nicht ganz ungefährlich, schauen Sie mal da unten. Nein, nicht da. Weiter links."

Und ich sah tatsächlich, wie ein Panzerwagen mit einem oben an den Panzerturm montierten Scheinwerfer die Allee herunterrasselte, zwar noch weit weg, aber er fuhr direkt auf den Platz zu. Der helle Lichtkegel wanderte abwechselnd links und rechts der Straße die Häuserwände hoch.

Wir sammelten rasch die Werkzeuge und den leeren Rucksack wieder ein, schlängelten uns, tief geduckt, den Sims entlang und spurteten die Feuerleiter hinunter. Um ein Haar wäre ich ausgerutscht, aber Mavrocordato hielt meinen Arm fest, und wir mußten beide lachen.

„Sie sind wirklich ein lustiger junger Mann, wissen Sie das?"

„Aber ich bin genauso alt wie Sie, Mavrocordato."

Er ließ meinen Arm los. „Ach herrje. So meinte ich das doch nicht. Los, wir müssen hier weg. Und drehen Sie sich auf keinen Fall um."

Wir rannten hintereinander von der Kreuzung weg, so schnell wir konnten. Der Lichtkegel hatte die Überwachungskamera erfaßt, und der Panzerwagen stoppte mit einem knirschenden Geräusch. Die Luke wurde aufgestoßen, und ein Soldat kletterte heraus, ein Funkgerät in der Hand, eine weiße Binde um den Arm. Er sprach in das Funkgerät und zeigte nach oben zum Häusersims, jetzt zog sich ein zweiter Soldat, ein Offizier, aus der Panzerluke und sprang herunter auf die Straße. Er sah exakt in meine Richtung.

Sieben

Ich war vor Schreck stehengeblieben, hatte mich umgedreht und mußte es genau wissen, ganz genau, obwohl mir Mavrocordato wütend von der anderen Straßenseite zuzischte, ich solle mich um Himmels Willen beeilen. Ich hatte den Offizier erkannt. Er war es. Es gab gar keinen Zweifel.

Zurück in der Wohnung kochte ich uns einen Tee.

„Das war, ähm … einigermaßen knapp."

„I wo. Ich hatte schon wesentlich schlimmere Momente", rief Mavrocordato aus dem Wohnzimmer herüber.

„Haben Sie ihn gesehen?" Ich rührte die losen Teeblätter mit einem Löffel vom Boden der Teekanne hoch.

„Wen? Hasan?"

„Ja. Gott, ich weiß nicht mehr, wer auf wessen Seite ist. Es ist alles so schrecklich verworren."

„Es gibt keine Seiten mehr. Machen Sie sich keine Sorgen."

„Darf ich fragen – warum eigentlich alchimistisch?"

Ich brachte das Tablett mit dem Tee, und Mavrocordato drehte sich zu mir um, während er Pamphlete in seinen Bücherregalen stapelte. „Es geht bei dem Spaß mit der Kamera darum, hermetische Zustände herzustellen." Er biß in eine Pistazienpraline und sprach mit vollem Mund weiter.

„Wir helfen der neuen Regierung des Irans nicht nur, die alte Regierung zu verunsichern, sondern wir tragen direkt zum Sturz bei. Tja, leider werden sie nur nie wissen, was genau sie erledigt hat. Ah, Tee. Geben Sie mir bitte noch einen Schluck, seien Sie so gut."

Ich setzte mich auf die Chaiselongue und fuhr mit dem Zeigefinger den Seidenstreifen nach.

„Was soll ich denn jetzt Ihrer Meinung nach tun?"

„Hier im Iran sollten Sie vielleicht nicht unbedingt bleiben. Es wäre auch nicht wirklich Teil Ihrer Aufgabe."

„Sie meinen, Sie haben etwas für mich vorgesehen."

„Nein, ich kann Ihnen nur einen Vorschlag machen. Sie selbst müssen sich zu etwas entscheiden. Ich will es mal so umschreiben: Sie müßten etwas hergeben, ohne etwas dafür zu erwarten oder zu bekommen. Sehen Sie es wie einen einseitigen Tausch."

„Ich habe aber nichts, was ich geben kann."

Er stand auf, zündete sich im Stehen eine Zigarette an, ging zum Fenster und befühlte mit den Fingern den schweren Samt der Vorhänge.

„Dann, mein Lieber, gibt es eigentlich nur eine Möglichkeit für Sie. Sie müssen zum heiligen Berg Kailasch finden, auch Mount Meru genannt."

„Hier im Iran?"

„Nein. Hören Sie mir bitte zu. Dieser Berg wird in vielen Religionen als das Zentrum des Universums angesehen, als Welt-Lotos. Er liegt auf einer Hochebene, leider im westlichen Tibet, also in China. Vier der größten Flüsse Asiens entspringen fast genau unter ihm. Kailaschs vier Seiten entsprechen dem Lapislazuli und Gold, dem Silber und Kristall."

„Oh."

„Diesen Berg müssen Sie im Uhrzeigersinn umkreisen, er ist eine Art gigantische Mandala der Natur, also ein Gebet als Weltbegehung."

„Das klingt ja völlig dämlich. Was soll ich denn da?"

„Massoud hat Ihnen doch sicher davon erzählt, daß Amerika der große Feind ist."

„Großer Satan hat er sogar gesagt. Soll ich mir das jetzt nicht lieber aufschreiben?"

„Ach hören Sie auf, Sie Witzbold. Gehen Sie in die Küche, seien Sie ein *dear* und holen Sie uns eine Tüte Chips."

Ich suchte in den Küchenschränken, öffnete mehrere Schubladen, bis ich eine Tüte *Frito Lay's Salt and Vinegar Chips* fand, ich riß sie auf, leerte die knusprigen Kartoffelflocken in eine Lalique-Schale und brachte sie zurück ins Wohnzimmer.

„Wie soll ich denn überhaupt nach Tibet kommen? Soweit ich weiß, ist es Ausländern untersagt, dahin zu reisen."

„Mein Freund, mit Geld läßt sich alles auf der Welt erreichen. Es muß nur genug sein. Das sollten Sie doch wissen, Sie waren lange genug mit Christopher zusammen."

„Aber ich habe keinen Pfennig mehr, meinen letzten

Rest habe ich Hasan gegeben, damit er Christopher ein Einzelzimmer im Spital besorgt."

„Ich weiß. Warten Sie."

Er stand auf und ging zum Bücherregal. Er suchte eine ganze Weile nach einem bestimmten Buch, zog es, als er es gefunden hatte, heraus und setzte sich wieder auf ein Kissen, mir gegenüber.

Er schlug das alte, schön gebundene Buch auf – es war von einem Karl Mannheim – und ich sah, daß Mavrocordato ein kastenförmiges Loch in die Seiten hineingeschnitten hatte, darin lag, quasi eingebettet in die Schrift, ein Bündel Dollarscheine.

„Hier haben Sie Geld, es sind mehrere tausend Dollar. Nehmen Sie es", sagte er und hielt es mir hin.

„Und damit soll ich nun nach Tibet gehen, zu diesem Berg, und um ihn drumherumgehen?"

„Manche Menschen, früher, vor der Kulturrevolution, sind sogar auf Knien um den heiligen Berg Kailasch herumgekrochen. Die Pilger haben sich Gummistücke um die Knie und um die Ellenbogen gebunden und sich jeden Schritt, den sie taten, auf den Boden hingeworfen, man vermaß die Entfernung mit seiner eigenen hingeworfenen Körperlänge. Wollen Sie das nicht auch tun?"

Ich antwortete nicht sofort, sondern rauchte eine seiner Zigaretten hinunter bis zum Filter und drückte sie am Rand des Aschenbechers aus.

Sieben

„Soll ich? Ich weiß es nicht."

„Es ist so: Eine einzige Umrundung wäscht die Sünden eines gesamten Lebens rein. Wenn Sie das schaffen, dann haben Sie etwas Großes getan, etwas, um das aus den Fugen geratene Gleichgewicht wiederherzustellen."

„Kommen Sie denn mit mir?"

„Nein." Er lächelte. „Nun machen Sie nicht so ein langes Gesicht."

„Warum nicht?"

„Weil Sie das alleine machen müssen. Sonst, fürchte ich, hat es keinen Sinn."

Er berührte den Rand der Trichter-Maschine, die immer noch in der Mitte des Zimmers auf dem Teppich stand, ohne etwas zu messen.

„Kommen Sie, es ist sehr spät. Wir legen uns lieber hin. Wenn Sie wollen, können Sie bei mir im Schlafzimmer schlafen, das Bett ist groß genug für zwei."

„Ich nehme lieber die Chaiselongue, vielen Dank."

„Ach Unsinn. Kommen Sie. Ich werde Sie nicht überfallen."

„Okay."

Wir lagen eine ganze Weile nebeneinander auf dem Bett und starrten an die Decke, ohne miteinander zu sprechen. Er rauchte eine Zigarette.

„Mavrocordato?"

   „Ja."

   „Ich …"

   „Hmm?"

   „Ich würde lieber hier bei Ihnen bleiben."

   „Ich weiß."

Teil Zwei

China, Ende 1979

Acht

Nach einer langen Reise, in deren Verlauf ich erst mit dem Flugzeug flog, mehrmals auf immer kleiner und schäbiger werdenden Flugplätzen umstieg, dann mit Bussen fuhr, als das nicht mehr ging, weil es keine Straßen mehr gab, tagelang auf Maultieren saß und schließlich zu Fuß lief, erreichte ich ein karges und steiniges Hochplateau.

Mein Führer machte Halt, wir setzten unsere Rucksäcke ab, drehten uns um und blickten, ausatmend, hinter uns. Der Horizont in seiner ganzen Breite war dort unten zu sehen; die großen staubigen Ebenen, die schattigen grünen Täler, die Nebel in der Ferne, die Krümmung der Erde.

Eine Ahnung von Städten sahen wir, unendlich weit weg, silbern glänzend in der Sonne. Wir sahen die verzweigten, ruhig liegenden Biegungen der Flüsse, die langsam zu uns ansteigenden braunen Hügel und schließlich, von oben, als sei es ein Trick des Lichts, uns selbst.

Wir drehten uns wieder um, schulterten die Rucksäcke und liefen weiter. Es gab dort oben keine Bäume mehr, wir hatten sie lange im Tal hinter uns gelassen. Ich kaute an einem Knust Brot, den ich noch in meinem Rucksack gefunden hatte.

Löwenzahn blühte immer noch am Rand der Pfade, ein gräßlicher Wind wehte mir ins Gesicht. Ich mußte mich dagegenstemmen, um überhaupt vorwärts zu kommen. Die Löwenzahnsamen wirbelten um uns herum durch die Luft wie kleine Insektenschwärme.

Ich fühlte mich anfangs angesichts der Berge müde und erschlagen, kraftlos, wie ein kleines Kind, aber ich ließ mir nichts anmerken. Manchmal mußte ich eine Pause machen, es ging zu rasch nach oben, ich schwitzte erst, dann wurde mir kalt, dann schwitzte ich wieder. Ab und zu aß ich einen Apfel aus meinem Rucksack. Nach ein paar Tagen hatte ich mich daran gewöhnt.

Es ging immer bergauf, höher und höher, manchmal dachte ich, der Weg ginge nun vielleicht endlich einmal eine Weile bergab, dann war es aber nur ein Paß, den man erreicht und überquert hatte; der Pfad zum nächsten, noch höheren Paß führte kurz nach unten, man irrte sich also immer; es ging nur hinauf.

Die Steine in den ausgetrockneten Flußbetten, durch die wir gingen, waren flach und abgeschliffen. Ich hob einige auf, trug sie ein Stück mit und ließ sie dann wieder fallen, weil es nur Steine waren.

Acht

Der Himmel über uns war von einem Dunkelblau, das ich noch nie gesehen hatte. Ein paar kleine Wolken hingen dort in diesem Himmel, sie waren perfekt; wie absolut perfekte Wolken schwebten sie, assoziationslos, wie ich fand, über das Land.

Zur linken Seite zog sich weit über die Ebene ein erdrückend mächtiges Gebirge hoch, das wir umgehen mußten. Das Gebirge sah aus wie vor langer Zeit erkaltete Lavamasse, es zwang und sog den Blick nach oben, obwohl ich lieber weggeschaut hätte.

Dort oben, ich konnte nur hinsehen, wenn ich die Hand über die Augen legte und durch die geöffneten Finger hindurchblinzelte, lag das erschreckende, tote Weiß ewigen Schnees. Ganze Eiswüsten lagen über uns, schwarzgrau und schroff, dort herrschte noch dünnere Luft als hier, es war noch schneidender und unerbittlich kälter, obschon die Sonne schien. Alles um uns herum sah aus wie im Lande *Mordor*.

Der Weg ging an einigen dunkelrot angestrichenen, in die ausgebleichten Abhänge hineingebauten Klöstern vorbei, sie lagen verlassen und menschenleer im Sonnenlicht der Nachmittage.

Ich hatte mir mehrere Tücher um Mund und Nase gebunden, selbst um die Augen herum mußte ich sie befestigen, ich schnitt mehrere Löcher hinein, um heraussehen zu können. Eine Sonnenbrille hatte ich nicht, wir sprachen darüber, daß die Netzhaut des Auges sich hier oben ablösen könne, wenn man sich nicht Tücher mit winzigen Sehschlitzen darin um den Kopf band.

Um die Ohren vor dem Wind zu schützen, umwickelte ich meinen Kopf zusätzlich noch mit einem Wollschal, den ich, die Sicherheitsnadeln von meinem Hosenschlag benutzend, unter dem Kinn befestigte.

Mein Führer hatte uns von einem Filzballen, den er zusätzlich zu seinem Rucksack auf dem Rücken trug, lange Stücke entrollt. Je höher wir kamen, desto mehr schnitt er von der Rolle ab, wir umwickelten uns bei einer Rast die Waden, Arme und Schenkel mit dem wärmenden, hellgrauen Filz.

Um die großen Lappen festzuzurren, nahmen wir kleine Streifen. Später, viel weiter oben, hüllten wir auch unsere Oberkörper hinein; wir fertigten einfache Kittel und banden sie vorne, vor dem Bauch, mit einem dünnen Filzgürtel fest. Ich fand, daß es gut aussah.

Ab und zu kamen verlauste, schmutzige Hunde bellend und kläffend aus den verlassenen Klosterdörfern angerannt. Sie jagten auf uns zu, und wir warfen mit Steinen nach ihnen.

Ich hatte mir unten im Tiefland einen langen Stock geschnitzt, auf den ich mich jetzt stützen konnte. Die bissigen, halbwilden Hunde trauten sich nie näher heran als bis kurz vor den Radius meines Stabes. Ich gewöhnte mir an, während des Gehens mit der Spitze des Stockes Kreise in der Luft vor meinen Füßen zu beschreiben.

Mein Führer baute abends das Zelt auf, das aus Tierhäuten bestand. Er kochte uns auf einem Gaskocher etwas milchigen Tee, und wir legten uns zusammen kurz nach Einbruch der Dunkelheit in das schützende Zelt. Draußen heulte der Wind. Wir deckten uns mit ein paar alten, kratzigen Wolldecken und dem Filzballen, der abends immer entrollt wurde, zu und schliefen sofort, tief und traumlos, bis zum Sonnenaufgang, dann ging es weiter.

Die Berluti-Schuhe fielen langsam auseinander, ein paar Wochen würden sie wohl noch halten, aber dann war sicher Schluß. In der Sohle des linken Schuhs war bereits ein Loch. Ich spürte mit den Zehen die Steine unter mir, kleine Kiesel rutschten beim Gehen durch das Loch nach oben. Der rechte Schuh war an der Spitze ganz offen, das Leder bog sich häßlich und franste aus.

Die besten Schuhe der Welt konnten also noch nicht einmal einen Monat in den Bergen überstehen, dachte ich, und dann kam mir Christopher wieder in den Sinn, wie ich die Schuhe in seinem Sterbezimmer mit der Spitze nach vorne zur Wand gestellt hatte, und als ich versuchte, mir Christophers Gesicht vorzustellen, konnte ich ihn nicht mehr sehen.

1979

Ich begann auf Anweisung meines Führers, mir abends, kurz vor dem Schlafengehen, Schuhe zu bauen, indem ich drei Filzstreifen in der Form meiner Fußsohle zwischen zwei Steinen aneinanderklopfte und sie dann mit einer von ihm ausgeliehenen Nadel aus Knochen aneinandernähte. Er sagte, Filz sei für alles gut, im Grunde brauche man nur Filz, um hier oben zu überleben.

Wir wurden jeden Tag schmutziger, nur zweimal hatte ich ein Bächlein gesehen, mich ausgezogen und in dem eisigkalten Wasser gewaschen. Wir füllten unsere Feldflaschen mit dem klaren Wasser, mein Führer hatte auch einen Benzinkanister aus weißem Plastik dabei, den er beim Gehen auf seinem Rücken trug und den er nun, den Einfüllstutzen unter die Wasseroberfläche haltend, vollaufen ließ.

Der Dreck und der Staub überzogen uns und unsere Filzkleidung mit einer häßlichen Schicht, es war, als ob wir langsam verkrusteten, je höher wir stiegen. Es erschien mir, als entstehe allmählich ein Firnis auf unseren Körpern, als seien wir wie Gemälde alter Meister, die durch die Jahrhunderte immer wieder übermalt worden waren, so daß das Original weder zu erkennen noch zu erinnern war.

Unsere Lippen wurden brüchig, und die Mundwinkel schmerzten, ich hatte gelernt, nicht mehr mit der Zunge über die ausgedörrten Lippen zu fahren, das machte alles nur noch schlimmer; der Speichel trocknete sofort an, ob-

Acht

wohl ich mir also nicht mehr die Lippen befeuchtete, bekam ich große, nässende Blasen um den Mund herum.

Als mein Führer es bemerkte – wir saßen eines Abends im Zelt, und ich wickelte mir den Filz und den Schal vom Gesicht –, berührte er mit der Hand erst seinen und dann meinen Mund.

Er holte aus seinem Rucksack einen kleinen Tontiegel, nahm den Deckel ab und bedeutete mir, ich solle mir mit dem Inhalt die Lippen einschmieren. Es war eine weiße, käsige Paste, sie roch modrig und nach alten, langsam verendenden Ziegen.

Es sei Yakbutter, sagte er, nur zu, und ich tauchte meine Finger in den Tiegel und schmierte mir einen Batzen um den Mund. Danach bildeten sich die Blasen zurück, es tat zwar nicht mehr so weh, aber ich hatte dafür tagsüber beim Gehen, da die Filzstreifen die Butter aufgesaugt hatten, nun immer diesen strengen Ziegengeruch unter der Nase.

Ich hatte ihm genug Geld gegeben, um mich bis zum Fuße des Berges Kailasch zu bringen, nach Tibet, es waren, wenn ich mich recht erinnere, einige tausend Dollar. Alle paar Tage fragte ich ihn, ob es wirklich genug sei, und er nickte immer nur und sah weg; ich hatte den Eindruck, meine Frage nach dem Geld würde ihn beleidigen. Es waren zwar Mavrocordatos Dollar, aber das wußte mein Führer ja nicht.

Ich stand auf meinen Stab gestützt, und ich sprach über

das Geld. Die Berge erdrückten mich. Abends sahen wir
uns lange an. Wir hatten mächtige Bärte bekommen.

Am einunddreißigsten Tag sahen wir einen alten Mönch,
der vor uns auf den Pfad trat, ganz so, als habe er sich hinter einigen Felsen verborgen und auf uns gewartet. Er
stand dort mit rasiertem Schädel, eine dunkelrote, fast li-
lafarbene Kutte tragend, und machte merkwürdige Handzeichen. Über seinen Schultern trug er einen gelben Schal,
in seinen Mundwinkeln hatten sich krustige Speichelabla-
gerungen abgesetzt.

Wir liefen links, wie es Vorschrift war, an ihm vorbei,
und als wir ihn passierten, schlug er uns plötzlich beiden
mit der flachen Hand auf den Rücken. Da ich voranging,
erwischte er mich zuerst, ich drehte mich um und sah dem
alten Mann, während er fest auf den Rücken meines Führers schlug, ins Gesicht. Er hatte nur noch ein gutes Auge,
das andere war weiß und leer.

Er glotzte zurück, ließ die Zunge aus dem Mund her-
ausschnellen, hob dabei rasch mit beiden Händen vorne
seine Robe und fächerte seinem nun freiliegenden Ge-
schlechtsteil Luft zu. Ich rannte weg, den Pfad hinauf. Der
Mönch war geistesgestört.

Ich beschrieb danach während des Gehens, solange
es noch hell war, den ganzen Tag hindurch mit meinem
Stab Kreise vor meinen Füßen, als könne ich dadurch das
schreckliche Gesicht des alten Mönches bannen. Mein
Führer erwähnte ihn mit keinem Wort mehr.

Neun

Heimlich überquerten wir nachts die chinesische Grenze, ich sah in der Dunkelheit alptraumartige Berge leuchten, der blaue Schnee strahlte im Mondlicht.

Der eisige Wind war stärker geworden, dafür sah man jetzt klarer und auch weiter. Der ewige, in alle Ritzen dringende Staub der Hochebenen weiter unten hatte aufgehört, um uns herum zu wehen, nun stapften wir über Schneefelder, die am Tage in der Sonne glitzerten. Selbst unter der Filzbandage mußte ich die Augen zukneifen, das Gleißen schmerzte und machte mich blind.

Die Berluti-Schuhe waren natürlich inzwischen durchnäßt und aufgeweicht. Eisklumpen hatten sich an meinen Socken gebildet. Ich hatte Angst, Frostbeulen an den Füßen zu bekommen, und bat oft darum, Rast zu machen. Während ich die Schuhe auszog und mir mit klammen Fingern die Zehen knetete, bis das Blut wieder durch meine Füße floß, stapfte mein Führer vor, oft sah ich ihn erst wieder, nachdem ich ihm ein oder zwei Kilometer nachgelaufen war und ich ihn geduldig wartend wiederfand, an einen Felsen gelehnt.

Wir ließen die Wasserkanister irgendwann neben einem Geröllhaufen liegen, da wir jetzt einfach Schnee essen konnten gegen den Durst. Einmal schneite es nachts, es war aber kein richtiger Schneesturm, wie mein Führer meinte, sonst hätte man tagelang das Zelt nicht verlassen können. Wir hatten wirklich großes Glück mit dem Wetter.

Tagsüber schob ich meinen Stab durch die dünne Schneedecke und bückte mich also, wenn ich durstig war. Ich war weder glücklich noch unglücklich.

Eines Nachmittags, die schneebedeckten Berge waren überquert, erreichten wir bei strahlendem Sonnenschein das Ufer eines scheinbar unermeßlich großen, türkisfarbenen Sees. Ein scharfer Wind wehte über das Wasser und schob kleine Wellen vor sich her, die sich vor uns am Strand brachen.

Wir warfen unsere Rucksäcke hin, wickelten uns aus unseren Filzstreifen und sprangen, nur mit Unterhosen bekleidet, in die eisigen Fluten. Es schien keine Fische, Krebse oder überhaupt Leben in dem See zu geben, keine Algen, nur frisches, klares Wasser. Man konnte bis auf den Grund sehen während des Schwimmens.

Wir tauchten immer wieder unter, lachten, bespritzten uns gegenseitig mit dem Wasser und scheuerten uns mit dem hellen Sand vom Grunde des Sees die Kruste der letzten Wochen von der Haut. Das Bad war wie eine Salbung. Ich hatte mich noch nie so sauber gefühlt, so zutiefst und im Innersten rein.

Neun

Als wir zurück zum Ufer schwammen, stand dort, in eine dunkelrote Robe gehüllt, ein Mönch. Ich dachte erst, es wäre der geistesgestörte Mönch von vergangener Woche und tauchte unter die Wasseroberfläche, aber mein Führer zog mich an den Haaren wieder hoch und sagte, es sei nicht derselbe, ich solle schauen, dieser dort sei viel jünger.

Wir trockneten uns an dem Filzballen ab, das Wasser aus unseren Bärten abstreichend. Ich zitterte. Meine Haut war rot und glühte vor Kälte. Während wir unsere Filzgewänder wieder überstreiften, kam der junge Mönch näher, hockte sich hin und untersuchte unsere Unterhosen, die wir zum Trocknen in die Sonne auf einen flachen Stein gelegt hatten.

Meine Unterhose war von Brooks Brothers, sie war kariert, mit einem hellen Madras-Muster versehen. Der Mönch hielt sie hoch und sah mich bittend an. Ich gab ihm mit einer Geste zu verstehen, er könne sie gerne behalten. Der Mönch lächelte, schob die Unterhose in seine orangefarbene Umhängetasche und näherte sich uns mit zaghaften Schritten.

Ich zog mich ganz an, und langsam, endlich, wurde mir wieder warm. Mein Führer packte seinen Gaskocher aus und beschäftigte sich damit, Tee zuzubereiten. Wir hatten noch etwas Trockenmilch in einem Beutel, die er dazuschüttete.

Der Mönch setzte sich neben mich auf einen Felsen, gemeinsam blickten wir über den riesigen See, während

er mit den Haaren auf meinem Oberarm spielte und an ihnen zog, als sei ich ein kleines Äffchen. Er zeigte lachend
auf seine eigenen, völlig haarlosen Oberarme, wies dann
wieder auf den See und ahmte sonderbarerweise das Geräusch einer Kuh oder eines Rindes nach.

Er nahm meinen Stab in die Hand und zog eine
kleine Klinge aus einer versteckten Tasche in den Falten
seiner Robe. Das Messer in die Spitze des Stabes hinein-
steckend, sägte er daran herum, bis die Spitze dreimal ge-
teilt war, dann, sein Werk prüfend, gab er mir den Stab zurück.

Er begann, pausenlos zu reden, aber es war eine Sprache,
mit der weder ich noch mein Führer etwas anfangen konnten; wir konnten uns nur mit Gesten und Handzeichen verständigen.

Während wir Milchtee tranken, steckte er seinen Finger in die Tasse und schob sich dann, mit einem Ausdruck
der übertriebenen Verzückung, den Finger in den Mund.
Er ließ die hellbraune Flüssigkeit tropfenweise aus dem
Mund heraustäufeln.

Ich malte derweil mit der dreigeteilten Spitze meines
Stabes die Umrisse eines Berges in den Sand zu unseren
Füßen. Der kleine Mönch hockte sich hin und sah es sich
genau an, erkannte aber nicht, was ich da zeichnete, obwohl er die Stirn in tiefe Falten legte und den Kopf mal
nach rechts und mal nach links hielt.

Neun

Ich dachte, daß es so viele verschiedene Dinge, die nach oben hin spitz zuliefen, hier in dieser Einöde ja gar nicht gab, aber er schien wirklich nicht zwischen meinen Skizzen des Berges und dem Berg, den ich suchte, einen Zusammenhang herstellen zu können. Ich wischte den Sand mit der aufgeplatzten Spitze des Berluti-Schuhs an meinem Fuß immer wieder glatt und begann die Zeichnung von neuem; einen anderen Berg, eine andere Grundform, Berge mit mehreren Gipfeln, ich malte Menschen, die um den Berg im Uhrzeigersinn herumliefen, aber es nützte nichts – der Mönch wußte nicht, was ich meinte.

Wir tranken noch eine Tasse Tee zusammen, wickelten uns unsere Schals um die Gesichter und schulterten unser Gepäck. Mein Führer lief voran, am linken Ufer des Sees entlang, ich stapfte ihm nach, fast automatisch verfiel ich in den Rhythmus, den wir seit so vielen Wochen angenommen hatten. Ich blickte über meine Schulter und sah, wie der junge Mönch uns in einiger Entfernung nachlief.

Der See schien unendlich in seiner Länge, dafür nicht so breit; wenn man die Augen zusammenkniff, war am Horizont das andere Ufer klar zu erkennen. Es gab keine Vögel, die über dem Wasser flogen oder an seinen Ufern nisteten, es gab auch keine Pflanzen, Bäume oder Fische, es gab gar nichts Lebendes außer uns drei in einigen Abständen hintereinander herlaufenden Menschen.

Die Sonne ging allmählich unter, wir liefen noch ein, zwei Stunden; als ich meinen Führer einholte, hatte er das Zelt schon aufgebaut. Nach einer Weile kam auch der junge Mönch hinzu und hockte sich neben das Zelt. Ich hatte noch einige iranische Zigaretten dabei, und wir rauchten schweigend zu dritt vor dem Zelt, bis es keine Zigaretten mehr gab, und sahen dabei über den sich verdunkelnden See.

Das Licht wurde weicher, und rechts von uns, im Osten, färbte sich der See von Türkis über alle Schattierungen hindurch endlich, während die Sonne am Horizont verschwand, Purpur. In der Ferne hing wieder eine einzige kleine Wolke, an ihrem rechten Rand war noch ein letztes orangefarbenes Leuchten des vergehenden Tages zu erkennen.

Da wir zu dritt nicht in das Tierhaut-Zelt paßten, bedeuteten wir dem Mönch, er solle seinen Kopf und seinen Oberkörper hineinlegen und die Beine und Füße aus dem Schlitz heraushängen lassen. Wir lagen zu dritt Kopf an Kopf. Nachdem er es sich gemütlich gemacht hatte, fing er an, leise zu singen, es war eine Melodie ohne Sinn, ohne Harmonien oder Takt, und ich dachte daran, daß sie Christopher sicher gefallen hätte, und darüber schlief ich ein, das Gefühl des sauberen, eiskalten Sees noch um mich herum, auf meiner Haut und im Inneren meiner Knochen.

Neun

Am Morgen erwachte ich und wußte, daß es ein guter Tag werden würde. Ich lag eine ganze Weile unter der Filzdekke, ohne mich zu bewegen, obwohl ich sehr dringend urinieren mußte, und hörte auf das gleichmäßige Atmen der beiden Männer neben mir.

Der Mönch hatte im Schlaf seinen Arm um mich geschlungen und hielt mich nun fest; ich traute mich nicht, mich aus der Umklammerung zu lösen. Er schmatzte im Schlaf, und zweimal sagte er die Worte *Body Shattva*, die mir nichts bedeuteten. Ich hob seinen Arm hoch und zog ihn ganz sachte von mir weg. Die Hornknöpfe am Zeltschlitz aufknüpfend, stieg ich leise über die beiden hinweg und kroch hinaus.

Ich streckte mich, die Arme erst nach oben reißend und dann meine Füße berührend. Die Luft war klar und kalt, die Sonne war noch nicht aufgegangen, aber ich konnte sie zur Linken ahnen, bald würde sie kommen, eine Helligkeit breitete sich über das Land aus, und während ich hinter einem Felsen urinierte, wurde es Tag.

Ich blickte auf. In vielleicht zehn Kilometern Entfernung zeigte sich mir ein Berg, seine rechte Flanke leuchtete rosafarben im Morgenlicht. Ich zog mir die Hose wieder hoch. Gestern abend war er nicht zu sehen gewesen, obwohl es hier oben auf der Ebene keinen Dunst gab. Und nun war er da. Er hatte die perfekte, die radikale Bergform, er sah noch bergiger aus als das Matterhorn. Auf seiner Spitze, bis zur Hälfte herab, lag strahlend weißer Schnee.

Es war Mount Kailasch, endlich. Ich sah lange zu dem Berg hin, sah, wie das Licht der Sonne an ihm herunterkletterte und allmählich die Ebene und den See beleuchtete. Der große See verwandelte sich vor meinen Augen von nachtblau wieder zu türkisfarben. Ein Wind kam auf, und kleine Wellen begannen sich erneut an seinen Ufern zu bilden.

Mein Führer stand hinter mir und legte mir die Hand auf die Schulter. Wir sahen lange zu dem Berg hin. Ich gab ihm den ganzen Rest meiner Dollar, und er griff in seinen Rucksack und holte die Filzschuhe hervor, die er heimlich fertiggenäht hatte. Ich zog sie mir über die Füße, die zerlaufenen Berluti-Schuhe stellte ich auf den Felsen, hinter dem ich uriniert hatte.

Es gab nicht viel zu sagen. Er baute das Zelt ab, packte seine Sachen, schenkte mir noch vier Meter Filz, schüttelte die Hand des Mönches, der, inzwischen wach geworden, mit offenem Mund am Eingang des Zeltes stand und auf die Erscheinung des heiligen Berges starrte, und lief den Weg zurück, den wir gekommen waren. Ich sah ihm nach, bald war er nur noch ein kleiner Punkt am Ufer des Sees.

Zehn

Der junge Mönch blieb lächelnd sitzen, die Augen zum heiligen Berg gerichtet, auf seinem Gesicht ein ekstatischer Ausdruck des Glücks. Er schien zu meditieren, zumindest das zu tun, was ich dafür hielt. Er bemerkte mich gar nicht mehr, selbst als ich ihn anstieß und ihm geschmolzenes Schneewasser anbot. Er murmelte irgendein immerwiederkehrendes, tibetanisches Gedicht.

Ich suchte meine Sachen zusammen, band mir den Filzwams wieder um – was hätte ich auch anderes tun sollen – und machte mich auf den Weg zum Berg. Der Mönch blieb summend dort sitzen, wo wir unser Zelt aufgeschlagen hatten.

Es war anders, wenn man plötzlich ein Ziel hatte, die Augen waren nicht mehr auf den Boden gerichtet, auf die ewig gleiche Wiederholung der Schritte, sondern der Blick ging nach oben, immer weiter hinauf, je mehr ich mich dem Berg näherte.

Der See war um die Mittagszeit passiert, die Sonne stand hoch über mir. An der Südflanke des Berges war klar und deutlich ein gigantisches, von der Natur aus Eis und Fels geschaffenes Hakenkreuz zu sehen. Es war mindestens einen Kilometer hoch und ebenso breit. Ich wendete die Augen ab, ich konnte diese große Swastika nicht ansehen. Hier, an dieser Stelle, begannen die sanft ansteigenden Ausläufer. Ich holte tief Luft. Das Gewicht meines Rucksacks auf die andere Schulter verlagernd, begann ich, im Uhrzeigersinn um Mount Kailasch zu laufen.

Ehrlich gesagt fühlte ich mich nicht besonders anders, während ich um den heiligen Berg herummarschierte. Mavrocordato hatte entweder gelogen oder einfach nur übertrieben. Es kam keine plötzliche Einsicht, ich hatte nicht das Gefühl, etwas zu geben oder einen Tausch zu vollbringen, wie er es genannt hatte, oder die Welt reinzuwaschen von ihren Sünden. Es war, wenn ich das sagen darf, reichlich banal. Ich mußte schauen, daß ich keine Erfrierungen bekam, die Filzschuhe waren zwar warm, aber dafür spürte ich jeden Stein durch die dünne Sohle, und die Umrundung des Berges, die drei Tage dauerte, kam keiner Befriedigung gleich, sondern sie war mühsam und langweilig dazu.

Wenn es dunkel wurde und ich müde, rollte ich mich in meine Filzlaken ein, immer in der Nähe von Miniaturversionen des Berges, die alle paar Kilometer herumstanden; Menschen hatten aus aufeinandergestapelten Steinen Nachbildungen des Ganzen errichtet, als Wegweiser und

Zehn

wohl auch als Gebetsort. Auf diesen Steinhaufen lagen ausgebleichte Yakschädel, an bestimmten Steinen waren bunte Fahnen befestigt. Nachts hörte ich auf das knatternde Geräusch dieser Fahnen, die im Wind wehten, und schlief dann fest. Ich trank aus meinen Feldflaschen das wohlschmeckende Wasser aus dem See, Hunger hatte ich sowieso keinen.

Ich hatte auch keine großartigen Gedanken dabei. Das Einzige, was mir immer klarer wurde war, daß Mavrocordato sich geirrt hatte. Ich setzte lediglich einen Fuß vor den anderen und lief um einen großen Steinhaufen herum.

Der Berg zu meiner Rechten war zwar sehr schön anzusehen, er verschwand immer mal wieder hinter einem Felsvorsprung, um sich dann, war die nächste Ecke umrundet, ganz anders zu zeigen, in einem anderen Licht, sicher, aber es blieb trotzdem nur ein Berg. Ich hatte ganz gewiß nicht das Gefühl, Mount Kailasch sei das Zentrum des Universums.

Ein paar Schritte noch, vielleicht zwei Stunden Fußmarsch, und ich hatte ihn umrundet. Die Reinwaschung, die Mavrocordato erwähnt hatte, war einfach nicht passiert. Meine Reise war kein großes Ereignis. Ich dachte daran, daß es aber nicht schade war. Im Gegenteil – eigentlich war es ganz gut so, wie es jetzt war, denn ich hatte es wenigstens versucht.

Wieder an der Südseite angekommen, und zwar an genau
der gleichen Stelle, an der ich vor drei Tagen losmarschiert
war, blieb ich erschreckt stehen. Dort standen zwölf Pilger
und starrten mich aus nußbraunen Gesichtern an. Ich wik-
kelte mir die Filzstreifen ab, und sie wichen einen Schritt
zurück, was recht ulkig ausschaute, da sie noch sonderba-
rer aussahen als ich; sie trugen Gummischürzen und Bök-
ke an ihre Knie und Ellenbogen geschnallt. Einige waren
in lange, bis zum Boden reichende Steppmäntel gehüllt,
andere wiederum trugen Stirnbänder und wollene Fäust-
linge.

Ihre Haare waren verfilzt, sie waren die zerlumptesten,
schmutzigsten Gestalten, die ich jemals gesehen hatte. Sie
sahen aus wie abgelehnte Komparsen aus *Star Wars*. Ich
legte meinen Stab vor mich hin auf den Boden und lächelte, und sie lächelten zurück.

Plötzlich, aus heiterem Himmel, führten sie eine Art Bus-
by-Berkeley-Choreographie vor, einen Ornamentaltanz,
der große Ähnlichkeit mit einem Sirtaki-Musical hatte. Ein
mit dem Gummi-Wadengeschirr beschnalltes Bein wurde
nach vorne gestellt, dann nach links weggezogen. Sie hak-
ten sich untereinander ein, und nun warfen sie die Arme
hoch und brachen in einen Gospel-Chor aus, der dunkel
und glorreich von den Seiten des heiligen Berges wieder
herunterschallte:

Zehn

My prayer
is to linger with you
at the end of the day
in a dream that's divine.
My prayer
is a rapture
in blue ...

Ich ging auf die Tibeter zu, mit ausgebreiteten Armen, und umarmte jeden von ihnen. Sie berührten mit ihren Stirnen meine Stirn und streckten dabei die Zunge heraus. Es war ganz unglaublich. Sie schnatterten und lachten, und ich mußte auch lachen.

Wir hockten uns hin, ein Pilger holte aus einem Sack etwas, das aussah wie hartgepreßter Torf, einen Kessel, eine kleine, oben verknotete Plastiktüte mit Benzin und ein paar knotige Yak-Dungstückchen. Er baute aus ein paar Steinen einen Windfang und zündete mit einem Bic-Feuerzeug den Dung an, nachdem er etwas Benzin aus der Plastiktüte daraufgeträufelt hatte. Kleine Brocken des grünbraunen Torfs abbrechend, warf er sie in den Kessel, ein anderer Pilger goß aus einer Armeefeldflasche Wasser hinzu, und bald duftete das enge steinige Tal nach aromatischem Tee.

Wir starrten schweigend in den wie Kohle glühenden Yak-Dung. Ein dritter Pilger öffnete nun ein verschnürtes Paket aus Tierhaut, schnitt von einem gelblichen Block eine Scheibe ab und legte sie sachte in den brodelnden

Kessel. Es war Yakbutter, ich kostete von dem Gebräu, es schmeckte wie eine sehr salzige Tütensuppe.

Die Pilger zeigten mir, wie ich die Gummiböcke an die Knie schnallen mußte, sie waren an den unteren Seiten mit einem Lederriemen versehen, den ich, ihn mir in den Kniekehlen justierend, zu einer Schleife zusammenband. Dann reichten sie mir eine ihrer Schürzen, die aussah wie ein staubiges, zerkratztes Gummilaken, gestikulierten etwas hilflos, ich solle sie mir umbinden, und nun zeigten sie mir das exakt vorgeschriebene Ritual des Hinwerfens: Man fiel aus dem Stand auf die Knie, warf dann den Leib vorwärts und das Gesicht in den Staub. Mit der Stirn berührte man den Boden dreimal. Seinen Oberkörper wieder auf die Knie zurückziehend, sich dann ganz aufrichtend, trat man einen Schritt nach vorne und wiederholte das Ganze.

Den ganzen Tag warfen wir uns hin, Schritt für Schritt, langsam vorwärtskommend, in Uhrzeigerrichtung um den Berg. Ohne die Gummiböcke wäre es sehr schmerzhaft gewesen, und ich überlegte, ob ich nicht die nächste Umrundung ohne Gummischutz machen sollte, vielleicht würde dann etwas passieren, vielleicht war es für das Opfer, das ich bringen sollte, nötig, daß man mehr litt.

Wir bauten Zelte auf, und es wurde wieder Feuer gemacht. Zum Abendessen gab es eine Art gerösteten Gerstenbrei, der vor dem Heißmachen zwischen den Händen hin und

her geknetet wurde, und einige Stücke salziges Trockenfleisch. Ich aß nicht viel davon, auch von dem hinterher
herumgereichten Lederschlauch trank ich nicht, ich hatte
daran gerochen, es war ein alkoholisches Gebräu.

Als ich das Getränk mit erhobenen Händen dankend
ablehnte, schlug ein Pilger demjenigen über den Rücken,
der mir den Schlauch gereicht hatte, mit den Worten *Body
Shattva*, dieselben Worte, die der junge Mönch neulich
im Schlaf gemurmelt hatte. Der Geschlagene senkte den
Kopf und zog die Schultern ein, es sah aus, als ob er sich
in Grund und Boden schämen würde.

Jeden Morgen bei Sonnenaufgang schnallten wir uns unsere Gummiböcke und Schürzen wieder um und liefen unter dem tiefblauen Himmel Tibets weiter, jeden Tag schaff-
ten wir zwar nur zwei bis drei Kilometer, aber es war viel
lustiger, in einer Gruppe um den Kailasch herumzurob-
ben als alleine. Es wurde viel Unsinn getrieben, und obwohl wir uns nicht verständigen konnten, mußte ich die
ganze Zeit über die Pilger lachen.

Sie küßten die Erde, einige weinten, um Minuten später wieder Scherze zu treiben, sie hoben schwere Steine
auf, trugen sie ein Stück mit und legten sie auf die Steinhaufen, die ich gesehen hatte, als ich allein um den heiligen Berg gelaufen war, und deren Sinn ich nun, endlich,
verstand.

Ich hatte, während ich mit ihnen wanderte, das wun-
derbare Gefühl, Teil einer Gemeinschaft zu sein, als ob ich

plötzlich eine Erinnerung zurückerhalten hätte, wie es im Kindergarten war, oder an den ersten Schultagen; es war wie ein goldenes Geschenk des Himmels.

Als wir eine ganze Umrundung geschafft hatten, schlugen die Pilger und ich ein Zeltlager, ein richtiges *Camp* auf, banden unsere Gummischürzen ab und hockten uns im Kreis umeinander. Wieder kamen einige, die jüngsten unter ihnen, zu mir und streichelten meine Armhaare. Andere zogen sich aus und legten sich in ihrer vor Dreck starrenden Unterwäsche in unserem windgeschützten kleinen Tal in die Sonne. Wieder andere veranstalteten ein Picknick aus Trockenfleisch und heißem, wunderbar säuerlich riechendem Tee.

Ich brannte darauf, gleich am nächsten Tag die langsame Kreiselbewegung um den Berg zu wiederholen, ich war regelrecht süchtig danach geworden. Jetzt die nächsten Monate so zu verbringen, mit diesen Pilgern, deren Sprache ich nicht verstand, vielleicht sogar Jahre, schien mir eine perfekte Lebensaufgabe. Und warum auch nicht? Ich hatte mich von allem Unwichtigen frei gemacht, selbst von Mavrocordatos Belehrungen, ich wollte nichts mehr, ich war frei.

Ein Pilger kam aufgeregt angerannt und gestikulierte, wir sollten schauen, er habe etwas gesehen. Wir steckten, nachdem ich mir die Filzstreifen wieder um den Kopf gewickelt hatte, zu viert unsere Köpfe über die Kimme eines Felsüberhangs.

Einige Soldaten kamen auf Maultieren auf uns zugeritten. Sie hatten Gewehre geschultert und sahen im Gesicht ganz anders aus als die Pilger; sie waren viel heller und wohlgenährter. Ich hatte noch nie chinesische Soldaten gesehen. Es war zu spät, um sich zu verstecken, das Tal war zu eng und hatte nur einen Ausgang, und von dorther kamen die Soldaten.

Ein Offizier, der auf einem richtigen Pferd saß, stieg ab und fegte mit der flachen Hand einem Pilger die Mütze vom Kopf. Er fiel nach hinten hin und knallte mit dem Kopf gegen einen Stein, ein Soldat fing an zu kichern, und der Offizier drehte sich, böse blickend, zu ihm zurück. Sie trugen grüne Uniformen; an ihren Mützen und an ihren Kragenspiegeln waren rote Plastiksterne befestigt.

Der Offizier fragte etwas auf tibetisch, dann auf Mandarin, als keiner ihm antwortete, zog er seinen Revolver und schoß zwei Kugeln in den Boden vor unseren Füßen. Eine Sandfontäne peitschte hoch, wir wichen ängstlich ein paar Schritte zurück, der Pilger, der am Boden lag und am Kopf blutete, fing an zu wimmern. Ich trat einen Schritt vor und sagte, ich könne Mandarin sprechen. Woher ich den Mut nahm, weiß ich nicht.

Der Offizier schob die Pistole in sein Halfter zurück und kam auf mich zu. Ich wickelte mir die Filzstreifen vom Kopf und sah ihn an. Er sah mir ebenfalls ins Gesicht, in höchstem Maße erstaunt, und plötzlich, als ob er jetzt erst sehen würde, was er da überhaupt vor sich stehen hatte, grinste er breit.

Xo-Lieung. Russe, sagte er. Aha. Ein Russe. Er gab seinen Männern ein Handzeichen, sie stiegen von ihren Maultieren ab, und dann wurden wir, alle die wir da waren, verhaftet. Zwei der Pilger stellten sich vor mich, rührend wie sie waren, und wollten mich tatsächlich beschützen, aber der Offizier schlug ihnen einem nach dem anderen mit der behandschuhten Faust auf die Nasen. Einem brach er das Nasenbein.

Wir wurden zusammengescheucht, die Soldaten auf den Maultieren nahmen uns in die Mitte und hielten die Gewehre auf uns, und so ging es los, zu ihrem Hauptquartier, das irgendwo hinter den Hügeln im Norden lag, eine Tagesreise entfernt.

Auf einem Parkplatz vor mehreren Betonbauten wurden die Pilger von mir getrennt. Man lud sie auf einen neuen Lastwagen und fuhr sie weg. Sie blickten mir von der Ladefläche lange nach, bis sich der Laster in einer Staubwolke verlor.

Ich wurde in eines der Gebäude hineingeführt und sah zum ersten Mal die Inneneinrichtung chinesischer Häu-

Zehn

ser. Sie war in gewisser Weise sehr roh und neu; die Dinge dienten nur. Verzierungen waren nicht historisierend, sondern zweckgebunden.

Das einzige, was mir gefiel, war das kleine Sitzsofa des kommandierenden Offiziers – die Rückenlehne war mit einem weißen Häkeldeckchen belegt. Ich sah prächtige alte Telefone, einige Stühle, die mit der Sitzfläche zur Wand standen, Plakate, die mehrere Menschen zeigten, denen ein rotes X über das Gesicht gemalt worden war, und eine große gerahmte Fotografie, die Mao Tse-tung zeigte, lächelnd.

Ich wurde in einem Nebenzimmer der Amtsstube auf einen Stuhl gesetzt und mit einer metallenen Fußfessel an ein Heizungsrohr befestigt, wozu genau, wußte ich auch nicht, denn das Weglaufen war in dieser tibetanischen Einöde ja relativ unsinnig. Man stellte mir einen Blecheimer in Reichweite der Kette, damit ich meine Notdurft verrichten konnte. Ein paarmal kamen Offiziere herein, um sich zu vergewissern, daß sie auch wirklich einen Russen gefangen hatten. Kopfschüttelnd schlossen sie die Tür wieder ab.

Am Abend kam ein Mann, um mich zu rasieren. Er brachte eine Keramikschale mit heißem Wasser, etwas Seife und eine Klinge. Ich solle bitte stillhalten, sagte er, denn es sei nicht erlaubt, daß ich mich selbst rasiere. Ich lehnte mich zurück, er hielt mir einen Lappen hin, den er in das heiße

Wasser getaucht hatte, und ich legte den Lappen über meinen Bart.

Ich schlief im Sitzen auf dem Stuhl. Der uniformierte Barbier war später noch einmal hereingekommen und hatte mir eine metallene Thermoskanne mit heißem Wasser gebracht, falls ich nachts Durst haben sollte.

Es war sehr kalt, und ich wünschte, ich hätte meine wärmenden Filzstreifen nicht einfach dort liegengelassen, wo ich verhaftet worden war. Ich umarmte die Thermoskanne – sie war mit Rosen und Pandabären bedruckt – und krümmte mich zusammen, so gut es ging. Die Heizung, an die ich gekettet worden war, funktionierte nicht, eine Decke bekam ich auch nicht. Ich wachte nachts von meinem eigenen Zähneklappern auf.

Ich bekam Holzpantinen, ein gelbes Baumwoll-T-Shirt und einen kratzigen, uniformartigen, schlammfarbenen Schlafanzug zugeteilt, der sich auf der Haut anfühlte, als sei er aus gepreßten Pferdehaaren hergestellt. Ich war zwar etwas traurig, meine Filzschuhe abgeben zu müssen, sie hatten mir gut gefallen, aber das Bitten half nichts. Es sei eben ein Teil der Regeln, wurde mir gesagt.

Man sagte mir aber nicht, was mit mir geschehen würde, ich vermutete jedoch, man würde mich bald aus Tibet wegschaffen, nach China selbst. Sonderbarerweise wurde ich auch nicht verhört oder irgendeiner Straftat angeklagt, auf meine Frage danach hieß es, ich solle Geduld haben.

Zehn

Ein paar Tage lang wurde ich immer am frühen Nachmittag für eine Stunde vom Heizungsrohr abgemacht und von zwei bewaffneten Soldaten – an einen wurde ich dabei mit Handschellen gekettet – auf dem Parkplatz vor der Kommandantur auf und ab geführt. Auf dem Gelände sah ich niemals andere Menschen außer chinesische Soldaten. Ein paar Lastwagen standen dort, vielleicht zwanzig Benzinfässer und ein Jeep. Die zwölf Pilger, mit denen ich gefangengenommen worden war, sah ich nie wieder.

Zu essen gab es eine Art eingelegten Rettich, der heftige Blähungen verursachte, weshalb ich nach zwei Tagen die Nahrung verweigerte. Ein Offizier bekam es mit der Angst, ich würde verhungern, bevor sie mich ordnungsgemäß abgeliefert hatten, und schrie mich eines Abends an, nachdem ich den Rettich in dem Napf wieder nicht angerührt hatte, ich solle gefälligst essen. Als das Schreien nicht half, schlug er wütend die Hände mehrmals auf die Schenkel und stürmte hinaus.

Eine Stunde später kam der Soldat herein, der mich rasiert hatte, er brachte eine warme, fleischhaltige Suppe in einer ordentlichen, ziselierten Schale und hölzerne Einwegstäbchen. Er nahm den Blecheimer mit hinaus, um ihn zu entleeren, und brachte ihn wieder zurück. Ich bat um eine Decke, aber es kam keine.

In der nächsten Nacht rieb ich die Einwegstäbchen aneinander, um ein Feuer anzuzünden. Ich hatte diesmal keine wärmende Thermoskanne bekommen und dachte, in dieser Nacht würde ich ohne Decke erfrieren. Ich legte mir einige Lumpen zurecht, einen ganzen Stapel altes Zeitungspapier, und riß die Plakate mit den ausgekreuzten Gesichtern, die ich erreichen konnte, von der Wand.

Ich drehte mir einen Fidibus aus Zeitungspapier und legte ihn, zusammen mit den in Streifen gerissenen Plakaten in die sorgfältig ausgeleckte Essensschale. Ich rieb die Stäbchen über eine Stunde lang aneinander, ohne daß ein Funke entstand. Lediglich eine Kerbe war in dem einen Stäbchen entstanden, die, als ich daran roch, den Geruch von leicht verbranntem Holz verströmte. Es war *seriously* anstrengende Arbeit, und sie führte zu nichts.

Ich erinnerte mich, daß ich noch eine kurze, dünne Hanfschnur um meinen Schenkel gewickelt hatte, aus welchem Grund, wußte ich nicht mehr. Ich sah nach, und sie war immer noch da, man hatte sie mir nicht abgenommen.

Die Schnur einmal um das obere Ende des einen Stäbchens wickelnd, band ich die beiden Schnurenden um die leicht gebogenen Stuhlstreben. Dann steckte ich das Hölzchen in die Kerbe des anderen Stäbchens. Nun zog ich ruckartig an der Schnur und erhöhte so die Drehfrequenz des Stäbchens, so daß sich innerhalb kürzester Zeit in der Essensschale eine winzige Flamme entwickelte. Ich pustete und legte den Fidibus hinzu. Das Feuer brannte und wärmte meine eiskalten Finger.

Ich verfeuerte alles Brennbare, bis nichts mehr da war,

Zehn

dann legte ich meine Holzpantinen aneinander oben auf
die Schale, sie brannten zwar nicht, aber fingen an zu
schwelen und wurden, indem ich sie zur Mitte hin nach-
schob, zu glühend warmer Holzkohle. Anderntags bekam
ich zwei Decken.

Mir war meine eigene Aufsässigkeit zuwider. Schließlich
hatten sie nur ihre Pflicht getan – ich war unerlaubt, ohne
Visum, sogar ohne Paß tief in chinesisches Gebiet einge-
drungen. Wahrscheinlich gab es sogar ein Gesetz gegen
das Pilgern um den heiligen Berg. Andererseits fror ich
nachts wirklich sehr, und ein erfrorener Gefangener diente niemandem.

Um den Soldaten, der mich rasiert, die Thermoskanne
und das bessere Essen gebracht hatte, tat es mir leid, ich
sah ihn nicht mehr wieder, nachdem ich die Holzpantinen
verfeuert hatte. Er war sicher bestraft worden.

Nach fünf Nächten wurde ich endlich losgekettet und in
die Hauptstube gebracht. Man erlaubte mir, die Decken
um die Schulter gewickelt zu lassen. Ich hatte mich nicht
waschen können, mein Körpergeruch war mir unangenehm. Draußen, während der langen Wanderung hierher,
war es mir gar nicht so sehr aufgefallen, ich hatte ja auch
in dem großen See gebadet, aber hier drinnen roch ich
sehr stark. Ich hatte auch schlechte Gesichtshaut bekommen. Nach der Rasur hatte man mir kein Kölnisch Wasser
gegeben, so daß jetzt meine gesamte untere Gesichtshälf-

te mit kleinen roten Pusteln übersät war, die zwischen den nachwachsenden Barthaaren hervorlugten.

Der kommandierende Offizier sagte, ich würde nun in ein Gefangenenlager gebracht werden. Ich erhielt ein Paar alte Tennisschuhe, die gar nicht mal schlecht aussahen, und dann ging es hinaus auf den Hof. Ich wurde auf den Beifahrersitz des Jeeps gesetzt, an ein Gestänge gekettet, hinten nahm ein bewaffneter Soldat Platz, und ein dicklicher Offizier ergriff, sich dabei eine Zigarette anzündend, das Steuer.

Die Fahrt selbst war holprig und unbeeindruckend. Niemand sprach. Der Offizier rauchte unaufhörlich Zigaretten, der Soldat hinter mir schaute sich die öde Landschaft an. Ich sah es wie von oben. Es ging durch Flußbetten, über sehr schlechte Straßen, und nach zwölf oder vierzehn Stunden erreichten wir ein deprimierendes Dorf, in dem es anscheinend keinen Strom gab.

Die einzige Straße führte mitten durch die in zwei Reihen stehenden, flachen Betonbauten. Es gab auch keine Restaurants oder Garküchen oder ähnliches. Der Ort schien wie für Menschen auf der Durchreise errichtet. Ab und zu standen links und rechts schwach leuchtende Petroleumlampen auf Fässern, einige Lampen hingen an Gebäuden. Ich sah beim Vorbeifahren eine Tankstelle, an der Handpumpe davor saßen zwei vermummte Gestalten

Zehn

und inhalierten Dieseldämpfe aus einem aufgeschnittenen
Benzinkanister. Der schneidende Wind wehte Müll und
Papierschnipsel die Straße hinunter. Ich ließ mir ein paar
der roten Schriftzüge an den Häuserwänden vorlesen, sie
kündeten von den Erfolgen der Revolution. Wir hielten
vor einem Tor, stiegen aus, und dort kam ich in mein erstes Lager.

Elf

Nach einer Woche wurde ich in ein anderes Lager gebracht, in das Sammellager *Nationale Einheit.* Einige Dinge
waren anders. Allen Gefangenen wurden die Schädel rasiert und die persönlichen Gegenstände weggenommen.

Man durfte im Lagerbereich selbst untereinander nicht
sprechen, sogar Blicke auszutauschen war verboten, Mit-
häftlinge waren eigens dafür eingesetzt, diese Kontaktver-
suche untereinander sofort zu melden. Diejenigen, die dagegen verstoßen hatten, mußten nachts Selbstkritik üben.

Die Selbstkritik funktionierte so: Sie war als Umerziehung
gedacht; nicht als Verhör, sondern als Auslöschung des
Egoismus, sie war dazu da, uns Demut beizubringen, uns
zu lehren, daß wir nichts waren.

Ich mußte mich nackt ausziehen und auf einen Stuhl
in einem Zimmer setzen, manchmal auch auf den Beton-
fußboden. Einige Männer kamen herein, ein paar waren
uniformiert, oft war auch eine Frau dabei. Sie setzten sich
hinter einen langen Tisch, hinter ihnen war eine Neonlam-
pe befestigt, die an den Enden ganz schmutzig war. Dar-

Elf

unter hing ein Portrait von Mao Tse-tung, daneben, etwas tiefer, eines von Deng Xiao Ping und ganz rechts hing Hua Guofeng.

Anfangs wurde immer dieselbe Frage gefragt, nämlich, warum ich Mandarin gelernt hätte. Und am Anfang wußte ich nicht richtig darauf zu antworten, außer, daß es mich damals interessiert hätte, und daß Christopher es gerne wollte.

Das war die falsche Antwort, und meistens begann die Frau zu schreien, sie schien mir die böseste von allen zu sein. Ihr Gesicht verzerrte sich, wenn sie mich anschrie, sie spuckte mich an und lief im Zimmer auf und ab. Die Männer in Uniform machten sich Notizen; wenn sie sprachen, dann in ruhigem Ton, fast sogar freundlich.

Die Frau schrie, meine Interessen seien bourgeois und imperialistisch, in Wirklichkeit wolle ich die Volksrepublik und das Volk von innen aushöhlen mit meinen Sprachkenntnissen. Meine Lebensinteressen, was sei denn das überhaupt? Ein Arbeiter würde niemals so ein Hobby haben. Hobbys seien zutiefst reaktionär, für so etwas hätte jemand, der für das Wohl des Volkes arbeiten sollte, gar keine Zeit. Mein sogenannter *Christopher* wäre ein imperialistischer Agent gewesen, im Dienste der USA, das sei hinreichend bekannt.

Außerdem sei ich bei der Verhaftung äußerst renitent gewesen. Sie öffnete ein Notizbuch, fuhr mit dem Finger

darin herum und schrie, ich hätte Essen verweigert sowie
Volkseigentum verbrannt, insbesondere – sie schaute nach
– die mir von der Volksrepublik China zugeteilten Holzpantinen.

Auf meine Antwort, mir sei kalt gewesen und ich habe keine Decke gehabt, kam sie meistens um den Tisch herumge-
laufen und schlug mir mit der flachen Hand ins Gesicht.
    Mit der Zeit lernte ich, die richtige Antwort auf die
Anfangsfrage zu geben. Ich sagte, ich habe Mandarin gelernt, um zu spionieren, um die Moral und die Faser der
Gesellschaft zu zerstören. Über Christopher sprach ich
nicht, nicht ein einziges Mal.

Auf die Antworten *Ich weiß es nicht* oder *Ich verstehe nicht*
folgten immer Schläge, meist mit der flachen Hand, manchmal mit der Faust, einmal mit dem Knauf einer Pistole an
den linken Wangenknochen, unterhalb des Auges. Ich hörte es sehr laut knacken, es war aber nichts gebrochen.
    Später lernte ich, daß ich großes Glück hatte; die
Selbstkritiken der anderen, asiatischen Häftlinge waren
mit viel schlimmeren Strafen durchsetzt. Warum man mich
nur schlug und zum Beispiel nicht mit dem Elektrostock
bestrafte, wußte ich nicht.

Ich lernte zuzugeben, daß ich zu den Ausbeutern gehör-
te, daß ich ein Parasit sei, daß ich gleichzeitig selbst aber
auch ausgebeutet wurde und es deshalb für mich immer

die Möglichkeit gab, mich zu bessern. Dabei, beim Um-
denken, würde die Partei mir helfen, deshalb sei ich in diesem Lager. Durch einfachste Erziehungsmaßnahmen lernte ich, meine Antworten im Sinne ihres, wie sie es nannten,
dialektischen Materialismus zu geben.

Einer der Männer, die sich während meiner Selbstkritiken
hinter dem langen Tisch sitzend Notizen machten, gab mir
einmal, hinterher, da ich kein Chinesisch lesen konnte, eine
englische Ausgabe der Gedanken des großen Vorsitzenden Mao. Er hatte ein Muttermal unter der linken Ecke des
Mundes; ein schwarzes, daumenlanges Haar wuchs daraus.
　　Er sagte, selbst Mao sei nun zu kritisieren, nun, da der
große Vorsitzende tot sei. Es seien viele Fehler gemacht
worden, dies sei aber jetzt die neue Zeit. Es sei eine Zeit
des Umdenkens, nichts sei mehr sicher, man könne sich
auf nichts verlassen, selbst auf die eigenen Gedanken nicht.
　　Und er sagte, um Mao kritisieren zu können, müsse
man eben auch seine, Maos, Gedanken kennen. Ich las das
kleine rote Buch genau durch, immer wieder, ich konnte
nachts gut lesen, da im Schlafsaal immer eine brennende
Neonröhre von der Decke hing.

Jede Stunde wurde eine Klappe in der Zellentür aufgescho-
ben und jemand schaute hinein; wer dann nicht schweigend rücklings auf den Pritschen lag, die Arme und Hände seitwärts am Körper angelegt, mußte zur Selbstkritik.
　　Ich las in dem Mao-Buch nachts exakt immer eine Drei-

viertelstunde, oder was ich dafür hielt, dann schob ich das Buch unter den Holzbock, der mir als Kopfkissen diente, und legte mich auf die vorgeschriebene Art und Weise auf den Rücken. Sprechen durften wir ja ohnehin nicht. Wenn die Klappe also pünktlich zur vollen Stunde zurückgeschoben wurde, lag ich da, den Blick an die Decke gerichtet, die Arme seitwärts am Körper.

So wurden die Gedanken Mao Tse-tungs für mich – und ich glaube, der Mann, der mir das Buch gegeben hatte, wollte es so – etwas Vertrautes, etwas, das ich eigentlich unerlaubt tat; die Lektüre des kleinen roten Buches wurde wie der immer wiederkehrende, heimliche Besuch bei einem guten Freund.

Wenn man also alles zugab und es bereute, war es möglich, sich darauf aufbauend zu verbessern. Und wenn man sich verbessert hätte, wenn man ein neuer Mensch geworden wäre, dann könnte man gehen und wäre frei; man dürfte das Lager verlassen und wieder seinen Platz in der Gesellschaft und im Volk einnehmen. Das war der Sinn der Selbstkritik.

Wirklich schlimm an diesem Sammellager war allerdings, daß es sehr wenig zu trinken gab. Wasser wurde absichtlich knapp gehalten, man durfte also weder sprechen – außerhalb der Selbstkritiken – noch trinken, beides war furchtbar schwer für mich.

Elf

Ich bekam nach zehn Tagen starke Nierenschmerzen; wenn ich urinieren mußte, dann ging es meist nur für wenige Sekunden, es tat sehr weh beim Herauspressen, und der Harn war dunkel.

Ich sah, wie einige andere Häftlinge ihren eigenen Urin tranken, das machte aber alles nur noch schlimmer. Sie wanden sich vor Schmerzen, am Boden liegend, die Hände in die Seiten gepreßt. Wir bekamen jeder eine halbe Blechtasse Wasser am Tag, und das ganze Denken war von morgens bis abends und auch nachts auf diese Blechtasse ausgerichtet. Es war schrecklich, so durstig zu sein.

Ich schloß oft tagsüber die Augen und versuchte, mir den Klang von fließendem Wasser vorzustellen; ich dachte an einen kupfernen Wasserhahn, aus dem es ununterbrochen hinauslief, ich hörte einen Bergbach, ich sah ein bemoostes Rinnsal tief in einem feuchten, dunkelgrünen Wald. Bei diesen Tagträumen, die sich oft stundenlang hinzogen, bildete sich immer viel Spucke im Mund, so war der Durst etwas besser zu ertragen.

Das Denken wurde geleitet und dann abgebremst, ich hatte das Gefühl, als sei dieser verordnete Durst vollkommene Absicht, als sei er Teil des Umerziehungsmechanismus des Lagersystems. Ähnlich wie die Gedanken an und die ständige Sehnsucht nach dieser halben Tasse Wasser fühlte ich wirklich tief in mir den Wunsch nach Besserung, nach etwas, das einer Verpflichtung gleichkam und Halt bedeuten würde, Verpflichtung und Moral dem Volk und den Arbeitern gegenüber.

Die Genossen bei der Selbstkritik sprachen von dem Arbeiter und Soldaten Lei Feng, der ein Vorbild war für alle, durch seine unermüdlichen Aufopferungen. Er hatte für einen kranken Genossen Blut gespendet und dann für das Geld, das er dafür bekommen hatte, seinen Soldatenkameraden Geschenke gekauft. Er war jemand, der rein war, jemand, an den man sich anlehnen konnte. *Von Genosse Lei Feng lernen*, hieß es. Er war leider vor Jahren gestorben, als ihm ein an einen Lastwagen gelehnter Baumstamm auf den Kopf fiel, aber sein Geist war natürlich immer noch präsent; seine Art gelebt zu haben, ohne Eigennutz nur für das Wohl der anderen, schien mir ein einleuchtender Weg, ein Weg, den man selbst beschreiten sollte.

Einige Tage später wurde ich in das Zimmer gerufen, in dem die Selbstkritiken stattfanden. Der Mann mit dem Muttermal, der mir das Mao-Büchlein gegeben hatte, saß dort hinter dem Tisch und blätterte, nach unten sehend, in seinen Notizen, einige andere Männer saßen ebenfalls dort und rauchten Zigaretten, die Frau, die mir immer ins Gesicht geschlagen hatte, war nicht dabei. Ich hielt das für ein gutes Zeichen, hatte aber gelernt, solche Gedanken erst einmal und zuerst bei mir als reaktionär einzuordnen. Ich mußte mich nicht ausziehen.

Elf

Ein Offizier stellte sich vor mich, er trug eine grüne Uniform und drei gelbe Streifen am Ärmel über seiner Manschette. Er sah mir lange ins Gesicht, bis ich die Augen niederschlug, und dann fragte er, ob ich nun bereit sei, für das Wohl des Volkes zu arbeiten. Ich sagte ja, sicher, ich sei bereit.

Der Offizier sagte, im Normalfall würden die ausländischen politischen Häftlinge in die Bleiminen von Gansu gebracht werden, nach eingängiger Beobachtung meines Falls sei die Partei aber der Meinung, ich würde mich zur Reform eignen. Es hätte einige Anzeichen dafür gegeben, daß ich willig sei, meine Fehler einzugestehen.

Auch – der Offizier blickte dabei in die Richtung des Mannes mit dem Muttermal am Tisch, der mit Notizen beschäftigt war – wäre ich gesehen worden, wie ich in meiner Freizeit die Gedanken des großen Vorsitzenden Mao studieren würde. Dies sei der Partei positiv aufgefallen.

Dies würde aber nur heißen, daß die Partei für eine Weile an mich glauben würde. Ich dürfte dieses Vertrauen nicht mißbrauchen, in den Bleiminen von Gansu sei die Lebenserwartung gerade mal sechs Monate, sollte ich nicht weiter auf dem bereits betretenen Pfad der Umerziehung bleiben, würde ich sofort und ohne Zögern dahin geschickt werden. So großmütig die Partei sei, so unerbittlich könne sie aber auch sein, wenn der Einzelne das Vertrauen des Volkes mißbrauche.

Ich würde also arbeiten dürfen, und zwar in den Feldern im Nordwesten der Volksrepublik. Er nannte es *Lao Gai*, Reform durch Arbeit. Mir sei die Chance gegeben, die Wüste urbar zu machen, eines Tages, so sagte mir der Offizier, würden durch meine Arbeit Menschen dort leben können. Ich bedankte mich und versprach, mein Bestes zu tun und das Volk nicht zu enttäuschen.

Zwölf

Kurz vor Mittag am nächsten Tag wurde ich auf die Ladefläche eines Lastwagens gehoben. Im Inneren des mit einer Plane abgedeckten Wagens war es unerträglich heiß. Die seitlich verlaufenden Bänke waren alle besetzt, so daß die Neuankömmlinge während der ganzen Fahrt über standen. Es war nicht so schlimm, wie es sich anhört, da die Stehenden sich gegenseitig Halt gaben, das heißt, man konnte nicht umfallen, wenn der Lastwagen durch ein Schlagloch fuhr.

Wir fuhren einen ganzen Tag und eine Nacht und noch einen Tag hindurch. Ein paar der Männer hatten mehrere kleine Löcher in die Plane gerissen, durch die frische Luft hereinkam und man hinaussehen konnte. Es gab aber nichts zu sehen; keine Strommasten, keine Bäume, nichts.

Zweimal am Tag machten wir halt, ein Benzinkanister mit Wasser, an dessen Verschluß eine kurze Kette mit einer Blechtasse hing, wurde hineingereicht. Es gab wenigstens genug zu trinken für alle, nicht wie im Sammellager. Es würde alles besser werden, das wußte ich.

1979

Wir bekamen trotzdem während der Fahrt nichts zu essen, ab und zu befühlte ich, stehend eingekeilt zwischen den anderen Häftlingen auf der Ladefläche, meine Rippen und die Hüftknochen, die endlich, endlich weit vom Körper weg heraustraten, wie ich es immer schon gewollt hatte.

Ich dachte an Christopher, daran, daß ich mich immer zu dick gefühlt hatte, und ich war glücklich darüber, endlich *seriously* abzunehmen. Das hatte ich ja nie geschafft; ein, zwei Kilo hatte ich mir früher herunterhungern können, aber jetzt waren schon mindestens zehn oder zwölf Kilo weg, Gott sei Dank.

Am frühen Abend erreichten wir eine Ansammlung Lehmhäuser, die verloren, häßlich und hellbraun auf einer weiten Ebene standen. Eine Eisenbahnlinie überquerte von links kommend die Ebene, wir wurden ausgeladen und mußten uns in zwei Reihen an den Gleisen aufstellen.

Ich hatte noch nie so einen öden Ort gesehen. Um uns herum gab es nichts, nur einen kaum mehr erkennbaren, verblassenden Horizont. Alles war voller Staub, überstrahlt, gräßlich und desolat.

Ein Han-Chinesischer Häftling neben mir flüsterte, dies sei der Anfang von Xin Jiang, es sei ein schrecklicher Ort, und wir würden nun in das Gebiet der Wüste Lop Nor gebracht werden, ins Turfan-Becken, in dem die chinesische Regierung Atomversuche durchführte, von hier bis dort seien ganze Gefangenenstädte; es hieß, Millionen von

Menschen würden dort in Tausenden von Lagern gehalten werden.

Was heißt das, *Millionen*, dachte ich, und in diesem Moment kam ein Wachsoldat angerannt und schrie *Schweig!* und schlug dem Chinesen mit einem elektrischen Stock zweimal ins Gesicht, links und rechts, und ich sah schnell wieder nach unten, in den Staub. Der Chinese fiel auf die Knie und wimmerte, aus seiner Nase spritzte eine Blutfontäne, ein anderer Häftling half ihm wieder auf die Beine und wischte das Blut mit seinem Ärmel ab.

Wir warteten. Am Horizont flimmerte es, obwohl es nicht besonders heiß war. Ein paar Krähen kreisten hoch oben am Himmel, über den Gleisen. Ich hätte gerne ein Glas Tee gehabt, obwohl ich inzwischen wußte, daß das ein bourgeoiser Wunsch war.

Einige Häftlinge bekamen steife Beine und kauerten sich nach ein paar Stunden hin, doch dann kamen wieder Wachen, traten ihnen mit ihren Stiefeln in die Seiten und schrien, sie sollen sich wieder hinstellen. Wir hatten alle seit drei Tagen nichts gegessen. Als ein alter Mann hinfiel und auch nicht mehr aufstand, als ihn die Wachen in die Nieren traten, kam ein Offizier mit einem Soldaten, und gemeinsam teilten sie uns Reisklöße aus, jeder der Gefangenen bekam einen.

Da ich keinen Hunger hatte und fand, daß es ganz gut aussah, soviel abgenommen zu haben, gab ich meinen

Kloß dem Han-Chinesen, dem vorhin ins Gesicht geschlagen wurde.

Meine Handgelenke waren ganz dünn. Mein Ring, den mir Christopher in Antibes geschenkt hatte, zum fünften Jahrestag, war mir lange abgenommen worden, noch im Sammellager. Ich sah nach unten, auf meine Hand, an der jetzt der Ring fehlte. Die Haut war weiß an der Stelle. Tausende von Lagern und Millionen von Menschen, das war gar nicht vorstellbar.

Die Sonne ging unter, und es wurde schlagartig kalt. Scheinwerfer, die mir wie Filmbeleuchtung erschienen, wurden angestellt. Wir warteten. Später kamen die Züge. Sie krochen langsam über die staubige Ebene.

Einige Tibeter hatten noch nie in ihrem Leben eine Eisenbahn gesehen, und sie grinsten über das ganze Gesicht, als die Waggons sich näherten, und steckten die Zunge heraus. Wir wurden in den Zug eingeladen, einige, ich auch, hatten Glück; wir durften in den Abteilwagen sitzen und mußten uns nicht, wie die meisten anderen, in die Vieh- und Getreidewaggons zwängen.

Tagelang ratterte die Eisenbahn nordwärts, über die unendlichen chinesischen Ebenen. Ab und zu sah ich eine Stadt in der Ferne, rauchende Fabrikschornsteine vor einem schwefelgelben Himmel, aber wir fuhren nie durch irgendwelche Städte hindurch, immer nur daran vorbei.

Zwölf

Manchmal sah ich eine verdorrende grüne Wiese, meistens nur endlos staubige Straßen, die sich ins Nichts verloren, an den Seiten gesäumt von Gestrüpp und Birken ohne Laub. Die Äste der Bäume waren meistens abgesägt, für Brennholz, schien es.

Einmal sah ich, wie ein aus Wellblech und Holz gezimmerter Pferdewagen vorbeifuhr, ein Bauer in einem unförmigen Mao-Anzug saß auf dem Bock, die Mütze hatte er tief über das Gesicht und die Augen gezogen, er wendete den Blick ab, als unser Zug an ihm vorbeirauschte. Er ließ die Peitsche auf das Pferd niedersausen, aber es wollte sich nicht schneller wegbewegen.

Für uns Häftlinge in den Passagierwaggons kochten die Soldaten manchmal Tee, für die anderen nicht. Es lag kein System dahinter, wer Tee oder einen Reiskloß bekam und wer leer ausging. Das war nicht Absicht oder Schikane, es war einfach so; einige hungerten, andere hungerten nicht so viel.

Am Nachmittag des dritten oder vierten Tages konnte man sie dann sehen; die Lager begannen wie sandfarbene, bleiche Wüstenburgen an uns vorbeizuziehen, erst waren es Dutzende, dann Hunderte.

Es waren ganze Gefangenenstädte, sie schienen von außen, beim Vorbeifahren, unorganisiert und unordentlich, braun und abweisend – ein paar Telegrafenmasten verbanden die Lager miteinander, sie standen links und rechts der Eisenbahnlinie. Die Gebäude hatten etwas von einem Traum, den man kurz vor dem Aufwachen träumt, wir sahen sie durch einen staubigen und verhangenen Schleier, die Sonne selbst schien wie durch Dunst hindurch, schwach und fahlgelb.

Das Lager 117 war ein reines Arbeitslager. Es war gar nicht so schlimm, wie ich gedacht hatte. Die Baracken waren aus Stein, es gab einen äußeren Zaun und eine innere Mauer, beide waren nicht elektrisch gesichert. Zwei Wachtürme aus Beton standen diagonal ausgerichtet zum Zaun. Es gab mehrere miteinander verbundene Innenhöfe, die reinlich gekehrt waren, hier fand der Appell statt.

Auf einem Holztisch in der Mitte des zentralen Innenhofes lagen Tag und Nacht, säuberlich nebeneinander in Reihe gelegt, mehrere Instrumente, die wir niemals berühren durften, nur ansehen. Es waren Handschellen mit zu Zacken angesägten Innenflächen, ein oder zwei Elektrostöcke, wie man sie beim Rindertreiben verwendet, eine recht große Kneifzange und ein Katheter aus glänzendem Stahl. Diese Instrumente kamen aber, soweit ich weiß, niemals zum Einsatz, sie dienten der Abschreckung.

Nach dem ersten Appell bekamen wir Stuben zugewiesen, in jeder schliefen zwanzig Männer, das war eine Brigade. Einer von uns wurde jeweils zum Aufseher ernannt, er hatte die Aufgabe, ein bestimmtes Pensum an Übertretungen pro Woche zu melden. Kritik an der Partei, reaktionäre

Zwölf

oder konterrevolutionäre Gespräche oder sogar geäußerter Unmut über die Verhältnisse im Lager wurden sofort von ihm gemeldet; schaffte er die Anzahl Meldungen pro Woche nicht, mußte der Aufseher selbst zur Selbstkritik.

Schweigend wurden wir morgens um halb acht auf mehrere Lastwagen verladen und zur Arbeit gebracht, schweigend wurden wir abends bei Sonnenuntergang wieder abgeholt.

Die Arbeit in den trockenen, ausgedörrten Feldern um Lager 117 herum war immer gleich: Unsere Brigade bekam morgens bei Sonnenaufgang zehn Spaten und zehn Axtkeile ausgehändigt, mit denen wir bis halb ein Uhr mittags Gräben ausheben sollten.

Die Axtkeile dienten dem Zerschlagen von größeren Steinen. Das Graben war beliebter als das Zerschlagen, da die Äxte keine Stiele hatten und die Spaten schon, so daß man sich beim Graben nicht bücken mußte. Hinknien oder gar Hinsetzen war verboten, es wurde im Stehen gearbeitet. Wer sich aus Müdigkeit hinkniete, bekam einen Punkt, bei fünf Punkten mußte abends, nach der Arbeit, Selbstkritik geübt werden.

Zum Mittag gab es einen kleinen Hirsekloß in die Hand und eine Kelle Wassersuppe. Manchmal schwamm in dem Topf, aus dem geschöpft wurde, ein Krautblatt, öfters nicht. Wenn es da war, blieb das Krautblatt immer unten im Topf liegen, es wurde uns Gefangenen niemals aufgetan, da es am nächsten Tag wieder aufgekocht werden mußte. Die Suppe schmeckte nach nichts, aber sie war warm, und wenn man genau hinschmeckte, was ich immer tat, dann konnte man sich einbilden, sie würde nach diesem Krautblatt schmecken.

Um ein Uhr durfte man Wasser lassen, bis ein Uhr fünfzehn. Wer wegen der Ernährung Durchfall hatte, und das hatte jeder, mußte dies ebenfalls bis ein Uhr fünfzehn erledigt haben, sonst mußte mit Durchfall weitergearbeitet werden, der den Gefangenen dann die Beine herunter und auf die Holzpantinen lief.

Ab und zu wurde der Hirsekloß durch einen Kloß ersetzt, dessen Hirseanteil mit Sägemehl und einer rotgefärbten Wurzel gestreckt war. Dieser rote Kloß war schrecklich, er war steinhart, einmal sah ich, wie ein Han-Chinese sich daran einen Zahn ausbiß. Der Kloß, hatte man ihn einmal im Mund in kleine Teile zerkleinert, löste sich auch im Magen nicht auf, einige Gefangene, besonders die Tibeter, bekamen schreckliche Krämpfe davon und noch mehr Durchfall als sonst.

Nach einigen Wochen waren viele Tibeter völlig entkräftet, die wenigen Uiguren und Kaukasier waren dicker und schienen mehr Kraftreserven zu besitzen. Die Tibeter nahmen schneller ab als die anderen, denn sie hatten ihr Leben lang ja fast nur Fleisch gegessen, und hier gab es Fleisch niemals, nicht mal im Traum. Die Han-Chinesen waren am stärksten und am drahtigsten, der konstante Hunger schien ihnen nicht so viel auszumachen.

Auch war die Arbeit auf dem Feld, in den ersten Wochen zumindest, nicht so schlimm wie das schweigende Dahinvegetieren im Sammellager, weil man sich laut unterhalten konnte, man brauchte nicht zu flüstern.

Die Wachen achteten nur auf die Einhaltung der Arbeitszeiten und die Erfüllung des Plansolls; ob man miteinander flüsterte oder sich etwas zurief, war ihnen egal, sie hatten selbst Hunger und standen immer etwas abseits, auf ihre Gewehre gelehnt, die zusammengekniffenen Augen in ihren unbeweglichen Gesichtern auf den ausgedörrten Horizont gerichtet.

Anfangs war das Soll noch nicht so schwer einzuhalten. Ein Graber und ein Zerhacker mußten zusammen an einem Tag zehn mal zwanzig Meter Erde bewegen, bei einer Tiefe von einem knappen Meter. Die Erde war zwar sehr hart und steinig, es war aber zu schaffen.

Schaffte eine Zweiergruppe mehr, wurde dieses Ergebnis am nächsten Tag zum Planziel erhoben, deshalb hielten sich alle mehr oder weniger exakt an die abgemessene, vorgeschriebene Zeit, in der zehn mal zwanzig mal ein Meter Erde bearbeitet werden mußte. Abweichungen vom System schadeten nur dem System, individuelle Mehrarbeit wurde lediglich mit noch mehr Arbeit belohnt.

Nach dem Mittagessen und der Toilettenpause ging es also weiter, es wurde bis Sonnenuntergang gearbeitet, der erst um halb neun war, da alle Uhren auf Pekinger Zentralzeit gestellt waren.

Nach einer Weile wurden die Lastwagen ausgesetzt – ich vermutete zusammen mit einem Russen flüsternd, der Französisch sprach, es läge an einer Benzinknappheit –, und wir mußten morgens früher aufstehen, zwei gute Stunden zu den Feldern marschieren, und abends, im Dunkeln, zwei Stunden zurück zum Lager.

Wir wurden mit Kälberstricken aneinandergebunden, in Viererreihen, und alle drei Viererreihen bekam ein Mann eine Petroleumlampe zu halten. Die bewaffneten Wachen liefen links und rechts neben uns, so schaukelten wir durch die Nacht.

Eines frühen Morgens waren wir also zu Fuß unterwegs, als vor uns ein Blitz am Horizont die Ebene taghell erleuchtete. Es war kein Gewitterblitz, sondern ein vielleicht vier Sekunden lang anhaltendes, gleißend weißes Strahlen, das uns erschien, als schaue man nachts in die Sonne. Der Blitz jagte über die Ebene auf uns zu, ich drehte mich weg, um meine Augen zu schützen, und ich sah hinter uns, daß die Gefangenen, die aufpassenden Soldaten und ich lange pechschwarze Schatten warfen, mehrere hundert Meter lang, und ich mußte plötzlich an Mavrocordato denken.

Nach einer Woche waren die Lastwagen wieder da, es wurde natürlich nicht gesagt, warum sie wieder da waren, aber

Zwölf

so konnten wir uns auf der zwanzigminütigen Fahrt hin und zurück etwas ausruhen, und wir konnten natürlich zwei Stunden später aufstehen, nicht schon um halb sechs, sondern erst um halb acht.

Alle zwei Wochen kam ein Zug mit neuen Häftlingen an, meistens waren es Kriminelle; Politische kamen seit einiger Zeit nicht mehr soviel. Ob es daran lag, daß es jetzt freier geworden war und man nicht so schnell für politische Geschehen verhaftet wurde oder ob im Gegenteil die Politischen von den Sammellagern aus direkt in die Bleiminen geschickt wurden, wußte ich nicht.

Die Kriminellen behandelten die Politischen sehr schlecht. Sie waren in der unsichtbaren Hierarchie des Lagers höhergestellt, die Politischen waren eher der Abschaum; Politische mußten die Latrinen säubern, die Höfe fegen und alles sauber halten, während die Aufsichtspersonen und das Küchenpersonal fast nur aus Kriminellen bestand. Dies lag auch daran, daß die Schuld der gewöhnlichen Verbrecher von der Partei nicht als so hoch eingeschätzt wurde wie unsere Schuld.

Politische Häftlinge mußten tiefer zu Fall gebracht werden, unser Vergehen war Schuldigkeit des Denkens, was natürlich weitaus schwieriger zu reformieren war als irgendeine Straftat. Obwohl beide Häftlingsgruppen gegen das Wohl der Gesellschaft und des Volkes verstoßen hatten, war das politische Vergehen weitaus schlimmer.

Ein paar der Häftlinge waren mongoloid; ich sah sie
manchmal bei der Arbeit, die sie nicht wirklich verrichten
konnten; ihre Gesichter waren oft gegen den Himmel gerichtet, sie lachten die ganze Zeit und kicherten, wenn sie
etwas falsch gemacht hatten, was eigentlich immer der Fall
war. Ihre Augen waren verdreht, sie waren dicker als die
anderen Häftlinge, sie stolperten häufig und fielen um;
wenn man ihnen eine Schaufel in die Hand gab, dann gru-
ben sie für ein paar Stunden, glucksten dabei und verloren irgendwann die Lust am Graben.

Sie wurden nicht bestraft, auch mußten sie nicht
zur Selbstkritik gehen, und irgendwann verschwanden sie
alle, woanders hin, und dann gab es keine Mongoloiden
mehr in unserem Lager. Ein Gefangener flüsterte mir zu,
man habe ihre Organe gebraucht, was ich nicht verstand.
Ich fragte auch nicht weiter nach.

Einmal im Monat, ich glaube, es war an jedem ersten
Dienstag, wurde uns Politischen freiwillig Blut abgenommen. Wir mußten hinüber zur Krankenstation und wurden dort von einem Arzt kurz untersucht, dann zur Blutab-
nahme gebracht, in einem kleinen, hellgrün gestrichenen
Hinterzimmer.

Man mußte sich auf einen an der Wand angeschraub-
ten Holzstuhl setzen und den Ärmel hochrollen, ein Gum-
mischlauch wurde um den Oberarm herum festgebunden,
und ein Soldat stach die Nadel in die Beuge des Ellenbo-
gens. Manchmal fand er die Vene nicht gleich, so daß er

Zwölf

mehrere Stiche brauchte – um das zu vermeiden, hatten wir gelernt, uns vorher mehrmals mit der flachen Hand auf die Einstichstelle zu schlagen, damit die Vene heraustrat.

Der Soldat, der dafür abkommandiert war, hatte einen sonderbar fleckigen Ausschlag im Gesicht; an seinem Hals, zwischen Kiefer und Ohr war ihm eine Art Tumor gewachsen, so groß wie eine Walnuß. Die ganze Erscheinung des Mannes wirkte auf mich, als sei er einer dieser Menschen mit Strahlenschäden – ich hatte einmal Fotos darüber in einem Geschichtsbuch über die amerikanischen Atombombenabwürfe auf Japan gesehen.

Anfangs konnte ich noch über vierhundert Milliliter spenden, später dann nicht mal mehr halb soviel. Viele Häftlinge wurden ohnmächtig, weil sie es körperlich nicht verkraften konnten; das war das Zeichen für den jungen Soldaten, der die Nadel in die Arme stach, sofort mit der Blutentnahme aufzuhören. Keinem würde gedient sein, wenn wir zum Arbeiten zu schwach wären, hieß es.

Das Blut, so hörte ich, wurde in den unzähligen Krankenhäusern im Osten gebraucht, bei Operationen, nach Busunglücken oder Minenunfällen. Wir Häftlinge müßten dazu beitragen, daß unsere eigene Umerziehung sich bezahlt machte. Schließlich sei dem Staat nicht daran gelegen, Asoziale ganz umsonst zu bessern, wir könnten dankbar sein, daß wir alle etwas dazu beitragen dürften. Unser Blut würde wieder in den Volkskreislauf gelangen, unsere Schuld gegenüber dem Volk und der Partei könnten wir so ein bißchen wiedergutmachen.

Ich freundete mich mit Liu an. Er war auch, wie ich, ein politischer Häftling, er hatte 30 Jahre bekommen. Ich sah ihn eines Abends, wie er an einem kleinen Stück Holz hobelte und schnitzte – es war, wie sich später herausstellte, eine winzige Figur, die er herstellte, eine Miniatur von Mao Tse-tung, nicht größer als mein kleiner Finger.

Er schnitzte sehr sorgfältig an der Kleidung herum, der Kopf war schon fertig, unverkennbar das etwas aufgeschwemmte, heimelige Gesicht des großen Vorsitzenden. Selbst das Muttermal in Maos Gesicht hatte er nicht vergessen; es war nur so groß wie die Spitze einer Nadel. Die Arme lagen eng am Körper der Figur an, Liu beendete gerade die Arbeit an den Hosenbeinen, als ich ihn darauf ansprach.

Er zeigte mir sein Schnitzwerkzeug; es war ein scharf zugespitzter Stein, den er tagsüber während der Arbeit auf den Feldern aufgehoben hatte. Ich sagte ihm, daß ich die Figur bewunderte, und er lächelte und sah mich an. Er war schon einige Jahre in diesem Lager, ihm fehlten beide Schneidezähne, die ihm, wie er sagte, letzten Herbst von einem Kriminellen mit einem Holzscheit ausgeschlagen worden waren.

Liu war ein kleiner, bläßlicher Mann, der eigentlich eine Brille tragen mußte. Er hatte seine vor langer Zeit ver-

Zwölf

loren und verengte nun immer die Augen zu kleinen
Schlitzen, wenn er etwas sehen wollte oder mit einem
sprach, so daß es eigentlich ganz erstaunlich war, wie gut
getroffen und perfekt die kleine Mao-Figur aussah.

Er stellte sie, nachdem sie fertig war, an das Kopfende seiner Pritsche. Dort stand sie vielleicht zwei ganze Monate
lang. Keiner wagte es, ihm die Figur wegzunehmen, die
Wachen nicht und auch die Häftlinge nicht.
    Der kleine Mao Tse-tung war ein Homunculus gewor-
den, ein geschnitzter Totem, der einen immer ansah, wenn
man in die Häftlingsstube trat. Eines Tages war die Figur
verschwunden, aber es war nicht so, daß jemand sie weggenommen hatte, sondern sie war von allein gegangen.

Liu wollte sich nicht nur selbst bessern, sondern auch –
ohne sie zu kritisieren – die Zustände im Lager; am Uner-
träglichsten war das Nichtstun, das Gefühl, man sei nur
noch damit beschäftigt, über Essen und Arbeit nachzudenken, mit dem Aufwachen und wieder Einschlafen.
    Also führte er abends auf unserer Stube lange Schat-
tenspiele vor, Arbeiteropern, Theaterstücke. Er ahmte mit
den Fingern beider Hände, die er hinter einer brennen-
den Stearinkerze hin und her bewegte, Stationen aus dem
Leben des großen Vorsitzenden nach.

Es war schade, daß die Figur weg war, mit ihr wären die
Schattenspiele realistischer gewesen. Ein paar Männer aus

der Stube halfen ihm, indem sie Häuser aus alten Stoffetzen herstellten, Bäume und Berge, angedeutete Armeen und Fabriken. Selbst der Stubenaufseher machte mit, so saßen wir nach der Arbeit und dem Essen im Halbkreis um Liu herum und sahen an die Wand, während Lius Schatten singend vom langen Marsch erzählte, von den schrecklichen Fehlern der Kulturrevolution, von heldenhaften, gigantischen Dammkonstruktionen am Yang Tse Kiang-Fluß und aus dem Leben des Soldaten und Vorbilds Lei Feng. Wir sahen zwar nur Schatten, für uns aber war es echt.

Einige Gefangene, Liu war dabei, hatten die Idee, vom Müllhaufen des Lagers Maden zu stehlen, und diese dann heimlich, während der Arbeit, wenn die Wachen nicht genau hinsahen, mittags in die dünne Suppe zu legen.

Insektenfleisch und schließlich auch Maden waren ja reines Protein, und Insekten gab es nicht, so stimmten wir dem Entschluß zu, und Liu und ein anderer übernahmen von da an den Abfalldienst. Auf der Müllkippe hinter Hütte 4 lag ohnehin nicht viel. Das meiste war menschlicher Kot, ein paar Tücher, zerfetzte Kleidung, ausgekochte Kohlstrünke, Kleinstknochen und blutige Mullbinden aus der Krankenstation.

Die Maden, die Liu abends zurückbrachte, waren trotzdem weiß und fett, und wir wuschen sie in einem Stück Tuch und etwas Wasser, bis sie von Unrat befreit waren.

Zwölf

Dann zerstampften wir sie, zusammen mit sechs der roten Klöße, die wir in einem Tauschhandel mit einer anderen Brigade organisiert hatten, in einer Art Mörser, den ein Tibeter aus zwei Steinen gebaut hatte.

Wir diskutierten, wer den Madenbrei mit zur Arbeit tragen sollte und kamen dann überein, daß nicht einer alles allein in der Tasche haben, sondern daß jeder sich einen Teil des Breis sichern und dann sich selbst in die zum Mittag während der Arbeit ausgegebene Suppe leeren sollte.

Der nahrhafte, eiweißhaltige Brei in der Suppe verursachte während der ersten Tage heftigen Durchfall, da keiner mehr daran gewöhnt war, Proteine zu essen, aber nach einer Woche fühlten wir uns alle gesünder, wir sahen kräftiger aus, selbst Liu hatte wieder Farbe im Gesicht. Es war ein kleiner Erfolg, und da das Resultat so offensichtlich zu sehen war, besonders bei den Tibetern, überlegten wir, wie wir an andere Eiweißquellen kommen konnten.

Es gab in unserem Lager keine Ratten oder sonstige Nagetiere, da diese selbst nichts zu fressen hatten und gar nicht überleben konnten. Lange suchten wir, heimlich, nach Spinnen und Skorpionen. Es gab keine. Nicht einmal Vögel waren am Himmel zu sehen, der Ort, an dem wir und tausende anderer Menschen lebten, war ausgestorben, so leblos wie die Oberfläche des Mars. Wir waren verschwunden, es gab uns nicht mehr, wir hatten uns aufgelöst.

Die Maden waren tatsächlich die einzige Möglichkeit, an Protein zu kommen. Wir erkannten bald, daß sie sich in menschlichem Kot, der mit faulenden Kohlstrünken und Krankenhausabfällen angereichert war, am wohlsten fühlten; in diesem Nährboden vermehrten sie sich am schnellsten. Kot alleine reichte nicht aus, so daß wir nicht einfach die Latrine als Zuchtstation benutzen konnten. Es mußte kompostieren, und das ging eben nur auf dem Müllhaufen hinter Hütte 4.

Liu, ein anderer und ich wurden beauftragt, den festeren Kot einmal am Tag aus den Latrinen zu holen. Wir nahmen dafür abends, wenn wir selbst urinieren mußten, einen Lumpen, bückten uns und schöpften die dickeren Stücke, die immer oben schwammen, in das Tuch.

Dann trugen wir den Kot zum Müllhaufen und warfen ihn drauf, um dann, ein paar Tage später, wenn die Wachen nicht hinsahen, die Maden einzusammeln. Mehr mußten wir gar nicht tun. Den fertig gestampften Eiweißbrei bewahrten wir in einem Eimer in der Nähe der Zellentür auf, jeder in unserer Stube bekam jeden morgen einen Haufen von vielleicht fünfzehn Gramm, und es war immer noch etwas übrig.

Ich wog nur noch halb soviel wie früher, ich hatte sehr viel abgenommen, bei einem Arztbesuch wurde ich gewogen, 38 Kilo stand auf der weißen Keramikwaage. Ich müsse nun kein Blut mehr geben, ich sei viel zu dünn und

Zwölf

schwach, sagte der Arzt, aber ich tat es trotzdem, freiwillig.

Bei einem Streit um den Madenbrei wurde Liu im Spätherbst von einigen Kriminellen in eine Ecke des Innenhofs gedrängt. Sie hielten ihn an Händen und Beinen fest. Ein Häftling nahm ein Eßstäbchen und hämmerte es dem schreienden Liu mit seiner Holzpantine durch den Ohrkanal in den Kopf hinein. Er war gleich tot. Eine Woche später fiel der erste Schnee.

Alle zwei Wochen gab es eine freiwillige Selbstkritik. Ich ging immer hin. Ich war ein guter Gefangener. Ich habe immer versucht, mich an die Regeln zu halten. Ich habe mich gebessert. Ich habe nie Menschenfleisch gegessen.

Christian Kracht im dtv

»Christian Kracht ist ein ästhetischer Fundamentalist.«
Gustav Seibt in der ›Süddeutschen Zeitung‹

1979
Roman
ISBN 3-423-**13078**-4
Iran am Vorabend der
Revolution. Ein junger
Innenarchitekt und sein
kranker Freund reisen als
Angehörige einer interna-
tionalen Partyszene durch
das Land. In Teheran wer-
den die Panzer des Schahs
aufgefahren … Christian
Krachts gefeierte Selbstaus-
löschungsphantasie.

Faserland
Roman
ISBN 3-423-**12982**-4
Einmal durch die
Republik, von Sylt bis an
den Bodensee. »Einer der
wichtigsten und traurigsten
Texte der deutschen Litera-
tur der 90er Jahre.«
(Florian Illies in der ›FAZ‹)

Der gelbe Bleistift
Erzählungen
ISBN 3-423-**12963**-8
Auf Reisen durch das neue
Asien. »Endlich! Das Buch
für alle, die schon alles
gesehen und alles getrun-
ken haben, aber lechzen
nach Stil, Esprit,

Dekadenz, Hybris und
einem sanften Touch von
politisch korrektem
Kolonialherrentum. Ein
literarischer Sundowner.
Cheers im Reisfeld!«
(Harald Schmidt)

Christian Kracht und
Eckhart Nickel
Ferien für immer
Die angenehmsten Orte
der Welt
ISBN 3-423-**12881**-X
Die Welt ist entdeckt. Aber
das Fernweh bleibt.
Christian Kracht und
Eckhart Nickel haben sich
aufgemacht, für uns die
angenehmsten Orte der
Welt zu suchen.

Christian Kracht (Hrsg.)
Mesopotamia
Ein Avant-Pop-Reader
ISBN 3-423-**12916**-6
Wie sieht es denn hier aus?
Und wie wird es weiter-
gehen? Werden wir alle in
den Tropen leben?
Brauchen wir überhaupt
Häuser? Oder leben wir
schon längst in Flughäfen?
Siebzehn junge Autoren
geben Antwort.

Thomas Bernhard im dtv

»Wer in eine Übereinstimmung gerät mit dem radikalen
Ernst, mit der glitzernd hellen Finsternis der
Bernhardschen Innenweltaussagen, ist angesteckt,
fühlt sich sicher vor Heuchelei und gefälligen
Künstlerposen, leeren Gesten, bloßer Attitüde.«
Gabriele Wohmann im ›Spiegel‹

Die Ursache
Eine Andeutung
ISBN 3-423-01299-4
Thomas Bernhards Inter-
natsjahre zwischen 1943
und 1946. »Wenn etwas aus
diesem Werk zu lernen wä-
re, dann ist es eine absolute
Wahrhaftigkeit.« (Frank-
furter Allgemeine Zeitung)

Der Keller
Eine Entziehung
ISBN 3-423-01426-1
Die unmittelbare autobio-
graphische Weiterführung
seiner Jugenderinnerungen
aus ›Die Ursache‹. Der Be-
richt setzt ein, als der sech-
zehnjährige Gymnasiast
beschließt, sich seinem bis-
herigen verhaßten Leben
zu entziehen ...

Der Atem
Eine Entscheidung
ISBN 3-423-01610-8
»In der Sterbekammer
bringt sich der junge Tho-
mas Bernhard selber zur
Welt ... Aus dem Totenbett

befreit er sich, in einem
energischen Willensakt, ins
zweite Leben.« (Die Zeit)

Die Kälte
Eine Isolation
ISBN 3-423-10307-8
Mit der Einweisung in die
Lungenheilstätte Grafen-
hof endet der dritte Teil
von Thomas Bernhards
Jugenderinnerungen, und
ein neues Kapitel in der
Lebens- und Leidens-
geschichte des Achtzehn-
jährigen beginnt.

Ein Kind
ISBN 3-423-10385-X
Die Schande einer unehe-
lichen Geburt, die Alltags-
sorgen der Mutter und ihr
ständiger Vorwurf: »Du
hast mein Leben zerstört«
überschatten Thomas Bern-
hards Kindheitsjahre. »Nur
aus Liebe zu meinem Groß-
vater habe ich mich in meiner Kindheit nicht umge-
bracht«, bekennt Bernhard
rückblickend auf jene Zeit.

Maxim Biller im dtv

Die Tempojahre
ISBN 3-423-11427-4
Eine rasante Chronik der
achtziger Jahre. – »Biller
liebt nicht den leichten
Degen, er bevorzugt den
Säbel.« (Der Standard)

Wenn ich einmal reich und tot bin
ISBN 3-423-11624-2
»Ich habe seit den Nach-
kriegsromanen von Wolf-
gang Koeppen, seit Bölls
früher Prosa, seit einigen
Essays von Hannah
Arendt, Adorno, Mitscher-
lich und Hans Magnus
Enzensberger kaum etwas
gelesen, das dem Blend-
zahn der Zeit so wahr und
diesmal so witzig an den
Nerv gegangen wäre ...
Was für ein Buch!«
(Peter von Becker,
›Süddeutsche Zeitung‹)

Land der Väter und Verräter
ISBN 3-423-12356-7
Poetisch und mitreißend,
komisch und ernst erzählt
Maxim Biller von der Zeit,
in der wir leben.

Deutschbuch
ISBN 3-423-12886-0
Deutschland, peinlich
Vaterland ... Man muß
Maxim Biller dankbar dafür
sein, daß er diesem Land so
beharrlich den Spiegel vor-
hält. – Reportagen und
Kolumnen von den kleinen
und großen Dummheiten
der neunziger Jahre.

Kühltransport
Ein Drama
ISBN 3-423-12920-4
Seidenstraße des Todes: ein
menschliches Drama vom
grausamen Erstickungstod
einer Gruppe illegaler
Einwanderer aus China,
gestorben auf dem Weg in
eine »bessere Welt«.

Die Tochter
Roman
ISBN 3-423-12933-6
Maxim Billers erster großer
Roman über Motti Wind,
einen jungen Israeli, der
versucht, in Deutschland
heimisch zu werden. »Ein
Roman wie von Dosto-
jewski.« (Hannes Stein,
›Die Welt‹)

Aleksandar Tišma im dtv

»Tišma sieht, zeigt und erzählt wie einer, der alles über den Menschen zu wissen scheint.«
Ursula März in der ›Frankfurter Rundschau‹

Der Gebrauch des Menschen
Roman
ISBN 3-423-**11958**-6
Bis zum Zweiten Weltkrieg kommen die Menschen in Novi Sad relativ friedlich miteinander aus – Serben, Ungarn, die deutschsprachigen »Schwaben« und Juden. Krieg, Terror und Unmenschlichkeit reißen die Stadt aus ihren Träumen.

Die Schule der Gottlosigkeit
Erzählungen
ISBN 3-423-**12138**-6
In Extremsituationen zeigt sich die Natur des Menschen unverhüllt: Vier Geschichten aus dem Krieg – von Menschen am Rande des Abgrunds.

Das Buch Blam
Roman
ISBN 3-423-**12340**-0
Novi Sad nach dem Zweiten Weltkrieg. Blam durchwandert als melancholischer Betrachter die Wege und Straßen seiner Heimatstadt.

Die wir lieben
ISBN 3-423-**12623**-X
Ein Buch über die Prostituierten in Tišmas Heimatstadt und das Geschäft mit der Liebe.

Kapo
Roman
ISBN 3-423-**12706**-6
»Aleksandar Tišmas Roman ›Kapo‹ ist ein ebenso großartiges wie irritierendes Psychogramm eines älteren Juden, der als junger Todeskandidat ins KZ gekommen war und als Handlanger der Mörder überlebte … ein meisterhaftes Stück Literatur.« (Thomas Grob im ›Tages-Anzeiger‹)

Treue und Verrat
Roman
ISBN 3-423-**12862**-3
Während des Krieges war er im Widerstand, saß im Gefängnis, seine Geliebte wurde erschossen. Die Erfahrung, daß Treue und Verrat eng zusammengehören, bestimmt Sergijes Leben auch nach dem Krieg.

T. C. Boyle im dtv

»Aus dem Leben gegriffen und trotzdem unglaublich.«
Barbara Sichtermann

World's End
Roman
ISBN 3-423-**11666**-8
»Ein listiges Gesellschafts-
bild Amerikas.« (Die Presse,
Wien)

**Greasy Lake und
andere Geschichten**
ISBN 3-423-**11771**-0
»Wer den ersten Schock
überwunden hat, entdeckt
eine Art schwarzer Heiter-
keit.« (Susanne von
Paczensky)

Grün ist die Hoffnung
Roman
ISBN 3-423-**11826**-1
Drei schräge Typen wollen
mit dem Anbau von Mari-
huana ans große Geld.

**Wenn der Fluß voll
Whisky wär**
Erzählungen
ISBN 3-423-**11903**-9

Willkommen in Wellville
Roman
ISBN 3-423-**11998**-5
Michigan, 1907. Im Sanato-
rium des Dr. Kellogg läßt
sich die Oberschicht der
USA von ihren Zipperlein
heilen.

**Der Samurai von
Savannah**
Roman
ISBN 3-423-**12009**-6
Die tragikomische Ge-
schichte eines japanischen
Matrosen, der vor der
Küste Georgias von Bord
eines Frachters springt.

Tod durch Ertrinken
Erzählungen
ISBN 3-423-**12329**-X
Wilde, absurde Geschichten
aus T. C. Boyle-Country.

América
Roman
ISBN 3-423-**12519**-5
Der Guerillakrieg zwi-
schen Arm und Reich –
»grell und spannend wie
ein Alptraum«. (Die Zeit)

Riven Rock
Roman
ISBN 3-423-**12784**-8
»Eine spritzige Fahrt durch
die Freuden- und Tränen-
täler der Begierde.«
(Berliner Zeitung)

Fleischeslust
Erzählungen
ISBN 3-423-**12910**-7
15 skurrile Geschichten.

Günter Grass im dtv

»Günter Grass ist der originellste und
vielseitigste lebende Autor.«
John Irving

Isaac B. Singer im dtv

»Ohne Leidenschaft gibt es keine Literatur.«
Isaac B. Singer